GÉNÉALOGIE

DE LA

FAMILLE WIGNIER

PAR

Ch. WIGNIER de WARRE

Chevalier de l'Ordre pontifical du Saint-Sépulcre

Lauréat de plusieurs Sociétés savantes

Membre et Trésorier de la Société d'Émulation d'Abbeville

Membre de la Société de Botanique de France

Membre du Conseil d'Administration des Musées d'Abbeville et du Ponthieu

Laudemus viros gloriosos et parentes nostros in generatione sua.

ABBEVILLE

PICARD-JOSSE, LIBRAIRE

41, RUE DES LINGERS, 41

—

M DCCC XCIV

GÉNÉALOGIE

DE LA

FAMILLE WIGNIER

1846

OUVRAGES DU MÊME AUTEUR

Chez Picard-Josse, 41, rue des Lingers, Abbeville

Catalogue raisonné des mousses de l'arrondissement d'Abbeville, par E. DE VICQ et CH. WIGNIER. — Paris, F. Savy, 1877, in-8º.

De la végétation à Berck-Plage, canton de Montreuil-sur-Mer (Pas-de-Calais). Paris, Société de botanique de France, tome XXXI, in-8º.

Monographie de la manufacture de faïences de Vron, arrondissement d'Abbeville (Somme), 25 sujets coloriés. — Abbeville, Prévost, 1876, in-8º.

Observations de M. Shuermann, premier président de la cour de Liège, sur les noms de poteries gallo-romaines, communication de M. CH. WIGNIER. — Abbeville, Paillart, 1886, in-8º.

Poteries vernissées de l'ancien Ponthieu, 25 planches coloriées. Cet ouvrage a obtenu une mention honorable accompagnée d'une médaille d'argent de la Société des Antiquaires de la Picardie. — Paris, Laurent, 1887, in-8º.

Carreaux vernissés du Ponthieu du XIIº *au* XVIIº *siècle*, 9 planches coloriées. Abbeville, Picard-Josse, 1890, in-8º.

GÉNÉALOGIE

DE LA

FAMILLE WIGNIER

PAR

CH. WIGNIER DE WARRE

CHEVALIER DE L'ORDRE PONTIFICAL DU SAINT-SÉPULCRE
MEMBRE ET TRÉSORIER DE LA SOCIÉTÉ D'ÉMULATION D'ABBEVILLE
MEMBRE DE LA SOCIÉTÉ DE BOTANIQUE DE FRANCE
MEMBRE DU CONSEIL D'ADMINISTRATION DES MUSÉES D'ABBEVILLE ET DU PONTHIEU

*Laudemus viros gloriosos et parentes
nostros in generatione sua.*

ABBEVILLE

PICARD-JOSSE, LIBRAIRE

41, RUE DES LINGERS, 41

M DCCC XCIII

Tiré à 60 exemplaires numérotés à la presse

N°

Nous offrons à nos parents la généalogie de notre famille.

Ce travail que nous avons rendu aussi complet que possible nous a demandé de longues années de recherches dans les actes de l'état civil de nombreuses localités, dans les greffes des tribunaux, dans les études des notaires, dans divers dépôts publics, etc. Nos documents, comme on le voit, ont été puisés aux sources les plus authentiques.

Des généalogies manuscrites, que l'on se prête de l'un à l'autre, nous ont été communiquées, mais ces sortes de documents ne doivent inspirer qu'une médiocre confiance, car, dans les multiples copies qui en ont été faites, des erreurs se sont glissées, que nous nous sommes efforcé de rectifier : ici, un nom mal orthographié, là une date erronée, ailleurs un mot mal lu ou mal interprété.

Enfin, dans cet ouvrage, qui est plutôt un livre de famille qu'une généalogie, nous avons rassemblé tous les faits les plus intéressants que nous avons pu recueillir.

4 mai 1893.   CH. WIGNIER DE WARRE.

GÉNÉALOGIE

DE LA

FAMILLE WIGNIER

Armes enregistrées dans l'Armorial général : *d'azur, à un chevron d'or accompagné de trois étoiles d'argent, deux en chef, une en pointe.*

I

COLLART ou COLART WIGNIER ou LE VUIGNIER est le premier membre connu de cette famille; il eut de N..., sa femme :

1° Jehan, qui suit;

2° Henri. Ces deux frères vivaient en 1479 et possédaient quatorze journaux de terre situés à Franssu, seigneurie de Donqueur, relevant de la baronnie de Domart-en-Ponthieu.

II

JEHAN WIGNIER eut de N..., sa femme :

1° Jehannin, allié à sa cousine Marie le Vuignier, dont il eut :

    a) Jean ;

    b) Margottine ;

    c) Jeannette, alliée à Adrien Hulot, vivant le 15 août 1521 ;

    d) Aline.

2° Jacques qui suit :

III

JACQUES WIGNIER, sieur du Bocquet Louis (Bois-Louis), fief situé à Franssu, terres de la baronnie de Domart, vivait en 1550, était majeur en 1531, époque à laquelle il devint possesseur d'un autre fief à Franssu ; marié à demoiselle N...

Dont :

1. Adrien, qui suivra ;

2. Jean, marié à Jacqueline du Crocq, veuve en 1598.

Dont :

    a) Jacques, M^e ès-arts en l'Université de Paris en 1594 ;

    b) Périne, alliée à Jean Wallon ;

    c) Marguerite, alliée à Jean Grévin.

IV

ADRIEN WIGNIER, seigneur du Bois-Louis, propriétaire de quatorze journaux de terre, provenant de Jehannin le Vuignier, vivait en 1567, testa le 17 août 1583 devant Jean-Baptiste Sannier, prêtre-curé de Franssu, mourut avant le 29 septembre 1583. Il avait épousé avant 1580 Adrienne

Dorion, fille de Rault Dorion, du village d'Alliel, et de demoiselle Collaye de Navel. Elle mourut en 1625.

Il eut :

1. Antoine, qui suivra ;
2. Louis, mort à marier ;
3. Philippe, marié à Marguerite Garbe ;
4. Madeleine, mariée par contrat du 13 avril 1596 à Florimond Carette, fils de Philippe et de Marguerite de Ribeaucourt ;
5. Marie, mariée à Jacques Gellé fils de Nicolas.

V

Antoine WIGNIER, seigneur du Bois-Louis, était mineur en 1583, mourut le 30 septembre 1626 ; il avait sept journaux de terre à Alliel du chef de sa mère ; il épousa :

1° Marguerite Le Roy de Saint-Lau, fille de Pierre et d'Antoinette Godart, laquelle testa le 17 février 1609 ; l'inventaire après son décès est du 18 mars 1609 ;

2° le 18 novembre 1616, il épousa par contrat reçu par Me Gallet et Nicolas Rétard, demoiselle Adrienne Rivillon, fille de Jean et de Jeanne de Villers ; elle était veuve en premières noces de Adrien Dumont, et en secondes noces de Pierre Douville, mort en 1616, de qui elle avait des enfants. Elle décéda le 5 janvier 1634.

Le Roy de Saint-Lau porte : *D'azur, à trois écussons d'argent, chargé d'une croix pattée alaisée de gueules.*

Il eut :

1° Adrien, seigneur de Franssu, qui suit ;
2° Anne, morte jeune ;
3° Adrienne, alliée le dernier juillet 1628, paroisse Saint-

Sépulcre, à Robert Gaillard, né le 20 décembre 1596, fils de Robert Gaillard, procureur et notaire royal à Abbeville, et de demoiselle Antoinette du Bourg. Il décéda le 14 septembre 1629. Devenue veuve, Adrienne Wignier épousa en secondes noces par contrat du 23 juin 1632, devant Me Pierre Lefebvre, notaire à Abbeville, M. Antoine Lallemand, président au grenier à sel de Saint-Valery-sur-Somme. Elle a testé le 12 mai 1671, codicille du 4 avril 1672, devant Thomas Clairet, notaire à Saint-Valery-sur-Somme.

GAILLARD porte : *D'azur, à un chevron d'argent accompagné de trois croix pattées de même, deux en chef, une en pointe.*

LALLEMAND porte (d'après Waignart) : *D'azur, au chevron d'or accompagné de trois roses d'argent.*

VI

ADRIEN WIGNIER, fils d'Antoine et de Marguerite Le Roy de Saint-Lau, seigneur de Franssu, Bois-Louis, lieutenant au bailliage prévôtal d'Abbeville en 1653, demeurant à Franssu, épousa suivant contrat du 5 mai 1641, reçu devant Me Framery, notaire à Abbeville, demoiselle Françoise Pappin (branche de Caumaisnil) demeurant à Abbeville, paroisse de Saint-Éloy, fille de Jean, notaire et receveur des gabelles, et de demoiselle Barbe Asselin, dame de Barly, morte le 17 novembre 1683; et lui le 18 décembre 1674.

PAPPIN porte : *D'azur, à trois pommes de pin d'or tracées de sable, deux en chef, une en pointe.*

De son union, il eut :

1. Adrien, seigneur de Franssu, qui suit;
2. Charles, chanoine de Beauvais, vivant en 1686, fut

parrain avec demoiselle Françoise-Catherine de Huppy,
de son neveu Charles Wignier, seigneur de Beaupré ;

3. Élisabeth, religieuse ursuline à Abbeville ;

4. Françoise, mariée par contrat du 11 décembre 1661, à
Charles de Huppy, seigneur de Miraumont, lieutenant
de l'Amirauté, fils de Mathieu, docteur en médecine,
et de demoiselle Catherine Le Roy de Saint-Lau.
(Voir appendice).

VII

ADRIEN WIGNIER, seigneur de Franssu et de Bois-Louis,
lieutenant au bailliage prévôtal d'Abbeville jusqu'au mois de
mars 1687, époque à laquelle cette juridiction fut supprimée
et réunie à la sénéchaussée de Ponthieu, depuis assesseur
en la mairie d'Abbeville, a testé le 5 octobre 1693 et le
3 septembre 1718. Il mourut le 28 septembre 1718, âgé de
soixante-quinze ans, veuf de Anne-Élisabeth Mourette,
inhumée en Saint-Wlfran[1], en présence de Charles Wignier,
seigneur de Beaupré, son fils, et Adrien Wignier de Beaupré,
son petit-fils, marié par contrat du 28 avril 1676, devant
Me Antoine Lefebvre, notaire à Abbeville, célébration le
même jour, à Saint-Wlfran, témoins, Philippe Pappin, écuyer,
seigneur de Machy, Saint-Foursy, etc., lieutenant général
du siège présidial de cette ville, Louis Mourette, avocat
au Parlement, Charles de Huppy de Miraumont, à Anne-
Élisabeth Mourette, fille de François, assesseur civil et criminel audit bailliage, et de demoiselle Marie Morel, décédée,
le 17 février 1643. Madame Adrien Wignier de Franssu

1. Nous mettons Saint-Wlfran, pour Saint-Wlfran de la Chaussée (paroisse).
Lorsqu'il s'agit de Saint-Wlfran actuel, nous dirons la collégiale de Saint-
Wlfran. — Nous écrivons Saint-Wlfran parce que dans le langage frison il
n'y a qu'un double W qui se prononce OU, ainsi Wlfran se prononçait Oulfran,
actuellement les personnes âgées et dans le peuple, disent encore Saint-
Oulfran, Saint-Ouffrein ; elles ont conservé la vraie tradition. Nous voyons
dans les anciens parchemins, Saint-Oulfran.

testa le 5 janvier 1693 et mourut le 17 février 1693; inhumée
à Saint-Wlfran.

MOURETTE porte : *De sinople, à trois mourêtfes d'argent* (aliàs) *à
trois bouquets d'amourettes d'argent.*

Il eut :

1. Adrien, écuyer, seigneur du Translay, qui suit, né le
   1ᵉʳ mars 1677, baptisé, paroisse Saint-Wlfran, a pour
   parrain, Louis Mourette, avocat au Parlement, marraine, Françoise Pappin;

2. Marie-Françoise, née le 26 avril 1678, baptisée le
   3 mai suivant à Saint-Wlfran, parrain, Philippe
   Pappin, écuyer, seigneur de Machy, lieutenant
   général en la sénéchaussée de Ponthieu, marraine,
   Françoise Mourette. Elle fit un testament olographe
   le 15 novembre 1726, déposé le 15 décembre 1727,
   chez Devismes, notaire, mourut le 2 décembre 1727,
   âgée de cinquante ans, fut inhumée en Saint-Wlfran,
   en présence de M. Wignier de Beaupré, conseiller du
   roi, son procureur en la maîtrise des eaux et forêts,
   son frère, et M. Wignier de Franssu, son neveu;

3. Marie-Marguerite, née le 9 octobre 1683, baptisée paroisse Saint-Georges, parrain Antoine Dorléans, écuyer,
   sieur de Fyndelier, marraine demoiselle Marie Darrest,
   femme de Guillaume Sanson, seigneur de Haut-
   Mesnil, ancien maïeur 1636-1637, morte et inhumée
   paroisse Saint-Wulfran, le 24 février 1704, en présence
   de son père et Adrien Wignier, seigneur du Translay;

4. Charles, écuyer, sieur de Beaupré, né le 22 avril 1686,
   baptisé paroisse Saint-Georges, le 24 suivant, parrain,
   Charles Wignier, chanoine de l'église cathédrale de
   Saint-Pierre de Beauvais; marraine, Françoise-Catherine de Huppy, auteur de la branche de Beaupré;

5. Nicolas-François, écuyer, seigneur du Bois-Louis, né

paroisse Saint-Georges, le 29 juillet 1689, parrain, Nicolas Mourette; marraine, Anne de Huppy; mort à marier;

6. Marie-Catherine, née paroisse Saint-Wlfran, le 2 septembre 1690. Parrain, Pierre de Dourlens, écuyer, sieur de Sérival; marraine, Marie Lallemand, veuve Delegorgue. Elle décéda le 10 août 1718, fut inhumée à Saint-Wlfran, le lendemain, 11 août. Présents à l'acte de décès, son père et son frère aîné, Adrien Wignier, qui vint à décéder le lendemain.

VIII

Adrien WIGNIER, écuyer, seigneur du Translay, fils d'Adrien et de demoiselle Anne-Élisabeth Mourette, fut conseiller du roi en la sénéchaussée de Ponthieu, au siège présidial d'Abbeville, marié par contrat devant Mᵉ Michault, notaire à Abbeville, en date du 4 avril 1701, témoins : Charles Wignier, écuyer, sieur de Beaupré, son frère, Françoise, Marguerite Wignier, ses sœurs, Charles de Huppy, de Miraumont, sieur de bois Langle, demoiselle Catherine de Huppy, Joseph Creton, sieur de Melinghem, etc. Célébration le lendemain, paroisse Saint-Georges, à demoiselle Jeanne Crignon, fille puînée de H. Jacques, juge consul en 1696 à Abbeville, et de demoiselle Jeanne le Bègue. Elle décéda veuve le 27 janvier 1738, âgée de soixante-six ans, fut inhumée à Saint-Wlfran, sous la grande croix de l'église au bas du balustre séparant le chœur de la nef, en présence de Adrien-Jacques Wignier, écuyer, seigneur de Franssu, commandant ordinaire des guerres, son fils, et de Charles Wignier de Beaupré, écuyer, conseiller, son beau-frère.

Le 5 avril 1701, Charles Depont, prêtre-curé de Notre-Dame du Châtel, en qualité de délégué de M. François de

Calonne, curé de la paroisse de Saint-Georges, ai marié solennellement dans l'église des religieuses de Saint-François, Adrien Wignier, etc., et demoiselle Jeanne Crignon; assistaient à la cérémonie Adrien Wignier, assesseur à la maire d'Abbeville, père de l'époux, Charles de Huppy, sieur de Boislangle, son cousin, Nicolas Vignon, oncle maternel, Philippe Violet, de Paris, son cousin. Adrien Wignier, seigneur de Translay, décéda le 11 août 1718, inhumé en Saint-Wlfran, en présence de Adrien et Charles, ses fils.

CRIGNON porte : *De gueules à un chevron d'argent accompagné de trois crignons* (grillons) *d'or, deux en chef, une en pointe (alias de gueules à trois crignons d'or 2 et 1 sans chevron.)*

De son mariage, il eut :

1. Adrien, né paroisse Saint-Wlfran, le 9 juillet 1702, parrain, Adrien Wignier, marraine, demoiselle Antoinette-Marie-Anne Foucques. Il mourut le 26 suivant;

2. Adrien-Jacques, écuyer, seigneur de Franssu, Translay, né paroisse Saint-Wlfran, le 16 juillet 1703, parrain, Nicolas Crignon, oncle, marraine, Marie-Françoise Wignier, tante, qui suit;

3. Charles, écuyer, seigneur de Bois-Louis, né paroisse Saint-Wlfran, 1er février 1705, parrain, Adrien Wignier, conseiller, et marraine, demoiselle Claude Vesche, épouse de Me Jean Douville, avocat en la sénéchaussée de Ponthieu. Mort sans postérité à l'âge de trente ans, le 11 mai 1735. Fut lieutenant au régiment de Navarre, inhumé à Saint-Wlfran, sous le crucifix, près le balustre du milieu de l'église, en présence de Adrien-Jacques Wignier de Franssu et Charles Wignier de Beaupré, conseiller;

4. Marie-Anne, demoiselle de Franssu, née le 22 septembre 1707, baptisée à Saint-Wlfran, parrain, Charles Wignier, etc., et marraine, Barbe Duponchel, veuve

de Pascal Gaillard. Morte à marier, le 6 septembre 1734, âgée de vingt-sept ans, inhumée à Saint-Wlfran, sous le crucifix, en présence de Adrien-Jacques Wignier de Franssu, son frère, et M. de Wignier de Beaupré, son oncle.

5. Marie-Jeanne-Catherine, dame de Bois-Louis, née le 17 août 1709, baptisée en Saint-Wlfran; parrain, Charles Depont, prêtre, bachelier en théologie, curé de Notre-Dame du Châtel; marraine, demoiselle Marie-Catherine Wignier, mariée à l'âge de trente-deux ans, suivant contrat devant Me Devismes, notaire, en date du 4 février 1742, passé rue de l'Isle, en la demeure de Charles Wignier, et célébration en Saint-Wlfran, le 5 février 1742, en présence de Adrien-Jacques Wignier et de Charlotte-Françoise du Chesne, son épouse, de Jean-Claude-Casimir Wignier de Franssu, etc., neveu, et de Marie-Charlotte-Rosalie Wignier de Franssu, nièce. Elle épousa messire Dominique-François Bernard (de la famille de saint Bernard), chevalier, seigneur de Brailly, Moismont, Famechon, né le 17 septembre 1681, ancien capitaine de grenadiers au régiment de Touraine, infanterie. Il décéda le 2 janvier 1756 à l'âge de soixante-quinze ans; son corps fut présenté à Saint-Wlfran et fut transporté en l'église paroissiale d'Ailly-le-Haut-Clocher, où il avait demandé par son testament à être inhumé; son acte fut signé par MM. Wignier de Franssu, capitaine au régiment royal, de Belloy et Monchembert, curé. Il était fils puîné de Jacques, chevalier, seigneur de Moismont, Brailly et Famechon, et de demoiselle Catherine Descaules du Mesnil; il a testé le 8 décembre 1755 devant Me Devismes; l'inventaire après son décès a été fait par Me Dehuppy, notaire à Abbeville, le 9 janvier 1756. Sa femme décéda

le 19 janvier 1762, âgée de cinquante-deux ans cinq
mois; elle fut inhumée le 21 suivant à Saint-Wlfran, en
présence de M. Wignier de Beaupré et M. de Wignier,
cousins germains, Monchembert, curé; sans postérité.

6 et 7. Nicolas et Wlfran, jumeaux, nés le 15 janvier 1711,
baptisés le même jour; parrain, Adrien-Jacques Wignier de Franssu, écuyer; marraine, Françoise-Catherine de Huppy. Wlfran mourut le 15 janvier 1711 et
Nicolas mourut le 17 janvier 1711; ils furent inhumés
à Saint-Wlfran.

BERNARD, seigneur de Brailly, porte : *De gueules, au sautoir
d'argent, surmonté d'une molette d'éperon d'or.*

IX

ADRIEN-JACQUES WIGNIER, écuyer, seigneur de Franssu, Bois-
Louis, Translay, Vignacourt, Yvergny et autres lieux, fils
d'Adrien et de Jeanne Crignon, mourut le 24 juillet 1778
en sa maison rue des Capucins, paroisse Saint-Éloy; inhumé
le 26 en l'église de Franssu en présence de M. Wignier de
Franssu, son fils, et de M. Blondin de Bazonville, tous deux
chevaliers de l'Ordre royal et militaire de Saint-Louis; testa le
15 mars et codicile 11 août 1772, ancien capitaine d'infanterie, fut contrôleur ordinaire des guerres et avait épousé
suivant contrat du 7 juin 1728, devant Pierre Lefebvre,
notaire à Abbeville, demoiselle Françoise-Charlotte du Chesne
de Courcelles, née le 19 juillet 1704, fille de François,
avocat au présidial, conseiller du roi aux traites d'Abbeville,
ancien maïeur (1718), et de demoiselle Charlotte-Françoise
de Lespine; elle testa le 11 septembre 1758 et mourut le
22 janvier 1759; inhumée le 24 à Saint-Wlfran à l'extérieur
du chœur, sous le crucifix, en présence de M. Wignier de
Franssu, son fils, et de M. du Chesne de Courcelles, ancien
maïeur (1751-1752), et de son père, Mouchembert, curé.

Du Chesne, armes anciennes : *d'argent, au chêne de sinople.*
Armes actuelles : *d'azur, au chevron d'or accompagné de trois glands de même, 2 et 1.*

Dont :

1. Adrien-Jacques-François, écuyer, né le 16 juin 1729, paroisse Saint-Wlfran; parrain, François du Chesne, conseiller du roi, président au bureau des traites, avocat, ancien maïeur; marraine, Jeanne Crignon, veuve d'Adrien Wignier de Franssu, conseiller, magistrat de la sénéchaussée de Ponthieu.

2. Marie-Charlotte-Rosalie, demoiselle du Translay, née le 15 octobre 1730, baptisée paroisse Saint-Wlfran; parrain, Ch. Wignier, seigneur de Bois-Louis, lieutenant au régiment de Navarre, oncle; marraine, Madeleine-Marie-Angélique du Chesne, grand'tante. Mariée à l'âge de trente-trois ans, par contrat devant Thomas de Huppy de Miraumont, notaire à Abbeville, le 16 janvier 1764, en présence de Charles Vilbrode Blondin, frère aîné du contractant, écuyer, seigneur de Brutelettes; Antoine-Albert Maurice, écuyer, seigneur de Villeroy, beau-frère du contractant; Adrien-Jacques Wignier, écuyer, seigneur de Franssu, père; Jean-Claude du Chesne de Courcelles, oncle; Jean-François-Abraham du Chesne, cousin germain, écuyer, seigneur de la Motte, — à Gabriel-Augustin Blondin, écuyer, seigneur de Bazonville, né paroisse Saint-Sépulcre, le 5 avril 1725, ancien capitaine au régiment de Hainaut, infanterie, chevalier de l'ordre royal et militaire de Saint-Louis, âgé de trente-huit ans, maïeur commandant pour le Roi à Abbeville (1777-1781), fils puîné et onzième enfant de François, conseiller au présidial d'Abbeville, et de demoiselle Marie-Catherine Fuzellier. Il mourut le 7 août 1799

(18 germinal an VII) paroisse Saint-Wlfran ; sa veuve décéda le 16 mai 1808. — Voir appendice.

3° JEAN-CLAUDE-CASIMIR, écuyer, seigneur du Translay, d'Yvergny, etc., né le 1er février 1735. Parrain, Jean-Claude du Chesne, écuyer, sieur de Courcelles, contrôleur ordinaire des guerres ; marraine, Marie-Jeanne Catherine Wignier de Bois-Louis, oncle et tante. Fut lieutenant au régiment royal d'infanterie ; était à Abbeville en 1778 pour recruter. Il décéda à Abbeville le 8 ventôse an XIII (27 février 1805) ayant son domicile réel à Versailles, rue de la Brugère, numéro 15 ; sans postérité.

BLONDIN DE BAZONVILLE porte : *d'or, à un daim de sable accompagné en pointe à dextre de trois trèfles de même placés 2 et 1.*

X

ADRIEN-JACQUES-FRANÇOIS WIGNIER de Franssu, écuyer, seigneur de Franssu, Bois-Louis et autres lieux. Fut sous-lieutenant le 9 septembre 1745 du régiment royal d'infanterie, capitaine au même régiment le 28 août 1747, passé depuis dans la légion de Soubise, d'où il s'est retiré avec le rang de major de dragons, chevalier de l'ordre royal et militaire de Saint-Louis. « Aujourd'hui, le 25e du mois d'août 1767, le Roi étant à Compiègne, désirant reconnaître les bons et fidèles services qui lui ont été rendus depuis plusieurs années par le sieur Adrien-Jacques-François Wignier de Franssu, capitaine de dragons dans la légion de Soubise, où il a donné, ainsi que dans toutes les occasions qui s'en sont présentées, des preuves de valeur, courage, expérience en la guerre, vigilance et bonne conduite et de sa fidélité et affection à son service, Sa Majesté lui a donné le rang de major dans ses troupes de dragons du jour et date du présent brevet.

Son intention était qu'il jouisse en cette qualité des honneurs et avantages qui y appartiennent ; m'ayant Sa Majesté, pour témoignage de sa volonté, commandé de lui en expédier le présent brevet qu'elle a signé de sa main et fait contresigner par moi, son conseiller, secrétaire d'état et de ses commandements et finances. Signé : Louis ; contresigné : Le duc de Choiseul ». Il décéda à Abbeville le 18 mars 1800 (27 ventôse an VIII). « Le 27e jour du mois de ventôse, VIIIe année républicaine, par-devant moi François-Stanislas Largillière, officier de l'état civil des citoyens du canton d'Abbeville, sont comparus en la maison commune les citoyens Alire-Nicolas Douville, âgé de quarante-huit ans, vivant de son bien, résidant à Abbeville, rue du Puits à Buirettes, Charles-François-Joseph Wignier, âgé de cinquante ans, vivant de son bien à Avesnes, commune de Vron, canton de Rue, département de la Somme, lesquels m'ont déclaré : que le citoyen Adrien-Jacques-François Wignier, âgé d'environ soixante-onze ans, né en cette commune le 17 juin 1729, fils de Adrien-Jacques Wignier et de Charlotte-Françoise du Chesne, vivant de son bien, domicilié à Franssu, canton de Domart, département de la Somme, époux de la citoyenne Jeanne de Crocquoison, oncle du premier comparant à cause de la citoyenne Aimée-Charlotte-Adrienne-Philippine Blondin, son épouse, et aussi oncle du second comparant à cause de la citoyenne, son épouse, Gabrielle-Thérèse-Flavie Blondin : est décédé ledit citoyen Adrien-Jacques-François Wignier en sa maison, rue Saint-Jean des Prés audit Abbeville, où il a conservé un pied à terre, cejourd'hui à neuf heures du matin (18 mars 1800) ; sur cette déclaration, et après m'être assuré du décès, j'ai rédigé le présent acte et j'ai signé avec les sus-nommés ». Le défunt légua la terre de Franssu à sa sœur (Marie-Charlotte-Rosalie Wignier, veuve de M. Gabriel-Augustin de Bazonville).

Adrien-Jacques-François Wignier, demeurant à Abbeville, rue

de l'Isle, avait épousé : 1° par contrat du 20 février 1770, devant Charles Mallet, notaire à Grandcourt, comté d'Eu, suite de célébration au village de Folny, demoiselle Marie-Élisabeth de Brossart de Saint-Martin, fille de Charles-Amédée, chevalier, seigneur et patron de Saint-Martin au Bosc et de Saint-Mathieu de Folny, seigneur de Fresnoy-en-Campagne, Laloude, Feuilloy, les Bardemants, Endesville, Boqué-tant, Lannoy, Pierrecourt, Gruchet, Saint-Brice, Sailly, Huppy, et autres lieux ; et de demoiselle Marie-Angélique de Bourbel. Témoins au contrat : messire Eugène-François-André de Pioger, seigneur de Retonval, chevau-léger de la garde ordinaire du Roi, demeurant à Eu ; messire Charles-François-Amédée de Brossart de Desville, capitaine au régiment de Condé, infanterie, demeurant à Eu. Elle mourut sans enfants à Franssu le 25 septembre 1771.

2° Il se remaria par contrat du 3 juin 1772, passé devant Mᵉ Baudelocque, notaire à Amiens, en la maison de M. François-Hyacinthe de Crocquoison, faubourg de Noyon, à Amiens, suivi de célébration à la paroisse de Flixecourt en date du 16 juin 1772 à demoiselle Jeanne de Crocquoison de la Cour de Fiefs, fille de François-Hyacinthe de Crocquoison, (fils de Jean-Baptiste seigneur de la Cour de Fiefs et de Marie-Anne Pruvost). — Voir appendice.

De l'union d'Adrien-Jacques-François Wignier, seigneur de Franssu, avec Jeanne de Crocquoison de la Cour de Fiefs ne vint pas de postérité. Madame Wignier de Franssu, devenue veuve, prit le voile en 1819, fonda plusieurs maisons de l'ordre de la Nativité de Notre-Seigneur et, après une vie remplie d'héroïques sacrifices et embellie par les plus admirables vertus, mourut le 6 mars 1824 et fut inhumée à Roussillon en Dauphiné, à douze kilomètres de Vienne, troisième maison de son Institut. En 1831, les religieuses allèrent habiter l'ancien couvent des Minimes à un quart de lieue de Roussillon et obtinrent d'y transporter les précieux restes de la vénérable fondatrice ; il se produisit alors des faits surnaturels[1]. Ces restes furent placés dans la chapelle de la Sainte-Vierge sous l'autel à droite du chœur des religieuses. Elle laissa ses biens à l'ordre qu'elle avait fondé en instituant comme légataire universel le général Mac Carthy, frère du célèbre R. P. jésuite qui était le confesseur de Jeanne Wignier de Franssu.

DE BROSSART DE SAINT-MARTIN porte : *D'azur, à trois lis d'or, à la bande d'argent brochant sur le tout.*

DE CROCQUOISON DE LA COUR DE FIEFS. Cette famille porta jusqu'au XVIIe siècle, : *D'azur, à l'oison d'argent surmonté d'un croc de même.* Depuis, elle a pris les armes suivantes : *D'azur, à trois chevrons d'or, à trois oisons de même, deux en chef, un en pointe.*
Ici se termine la branche aînée.

---

1. Voir *Chronique de la Nativité de Notre-Seigneur.* Séguin aîné, imprimeur. Avignon, 1875.

BRANCHE DE BEAUPRÉ

VIII

Charles WIGNIER, écuyer, seigneur de Beaupré, né le 22 avril 1686, paroisse Saint-Georges, décédé le 2 décembre 1748, était le quatrième enfant d'Adrien et de demoiselle Mourette. Fut conseiller, procureur du roi en la maîtrise des eaux et forêts de Ponthieu, marié par contrat du 25 août 1714 devant Mᵉ Pierre Lefebvre, notaire. Célébration le 29 suivant en l'église Sainte-Catherine en présence de M. Adrien Wignier, seigneur du Translay, son frère aîné, et de demoiselle Antoinette Morel, veuve de Joseph d'Amiens, sieur de Béhen, mère de l'épouse, à demoiselle Antoinette-Agnès d'Amiens, dame de Béhen, fille de Joseph, seigneur de Béhen, demeurant à Abbeville, paroisse Sainte-Catherine, et d'Antoinette Morel de Bécordel. Morte le 24 octobre 1747 âgée de soixante-sept ans, paroisse Saint-Gilles, où son corps fut présenté et de là transporté chez les RR. PP. Minimes et inhumé en présence de M. Adrien-Charles Wignier, sieur du Fresnoy, et de Joseph-François Wignier, avocat au Parlement, au siège présidial d'Abbeville, Lerminier, curé.

D'AMIENS porte : *Échiqueté d'argent et d'azur, à la croix nislée de gueules, brochant sur le tout.*

Dont :

1. ADRIEN-CHARLES, écuyer, seigneur de Beaupré et de Béhen, né le 25 février 1716, baptisé le lendemain paroisse Saint-Gilles; parrain, Adrien Wignier, avocat au Parlement; marraine, Antoinette Morel, veuve de Joseph d'Amiens, avocat au Parlement, qui suit.
2. Trois filles mortes en bas âge. — Renseignement
3. indiqué par les généalogies manuscrites; nous n'avons
4. pu trouver les actes de naissance ni de décès.
5. JOSEPH-FRANÇOIS, écuyer, seigneur d'Avesnes, né le 14 février 1718, baptisé le lendemain à Saint-Gilles; parrain, Adrien Wignier, seigneur du Translay, conseiller au siège présidial; marraine, Françoise d'Amiens, demoiselle de Béhen; auteur de la branche d'Avesnes.

IX

ADRIEN-CHARLES WIGNIER de Beaupré fut lieutenant du prévôt de la cour des Monnaies, capitaine de la milice des gardes côtes, mort à cinquante ans le 30 août 1771, inhumé à Saint-Nicolas de Saint-Wlfran dans la nef de cette église vis-à-vis l'autel de Sainte-Geneviève, en présence de Pierre-Charles Wignier de Beaupré et de François-Joseph Wignier, seigneur d'Avesnes, ses fils, et du chanoine Meurice, curé. Marié à l'âge de trente-six ans suivant contrat devant François-Louis Devismes, notaire à Abbeville, du 13 novembre 1752, à demoiselle Marie-Gabrielle Le Sergeant de Saucourt, dame des Dixmes-lès-Dailleul, âgée de trente-quatre ans, née en 1718, troisième fille de Jean, qui fut maïeur à Abbeville, 1724-1725, et de dame Marie-Marguerite Lefebvre des Dixmes. Célébration le 14 novembre 1752 en présence de Joseph-

François Wignier, écuyer, seigneur d'Avesnes, frère; Courcelles, beau-père; Pierre Le Sergent, sieur d'Himerville, conseiller; Jean Lévêque, cousin; Pierre Lefebvre, écuyer, seigneur de Wadicourt. Elle décéda le 17 janvier 1787 à l'âge
de soixante-huit ans et demi; fut inhumée dans le cimetière
de Saint-Nicolas par M. l'abbé Maurice, curé, en présence
de messire Pierre-Charles, seigneur de Beaupré, Béhen en
partie, son fils unique, et de messire Charles Nicolas de Dom-
pierre, seigneur de Saucourt, conseiller du roi, son procureur honoraire en l'élection de Ponthieu, ancien maïeur
d'Abbeville 1762, beau-frère de la défunte à cause de son
épouse[1].

LE SERGENT DE SAUCOURT porte : *D'azur, à une main d'argent
tenant une massue de même sortant d'une nuée aussi d'argent mou-
vant du flanc dextre de l'écu.*

Dont :

1. FRANÇOIS-CHARLES-GABRIEL, écuyer, né le 10 octobre
   1753, baptisé le lendemain à Saint-Wlfran; parrain,
   Joseph-François Wignier d'Avesnes, écuyer, avocat au
   Parlement; marraine, Françoise Le Sergent, épouse
   de Charles Le Sergent d'Himerville, conseiller du roi
   en l'élection de Ponthieu, oncle et tante de l'enfant,
   qui mourut jeune.

2. PIERRE-CHARLES, écuyer, né le 13 juillet 1756, baptisé
   le 14 à Saint-Wlfran; parrain, Pierre Lefebvre, écuyer,
   seigneur de Wadicourt, le Quesnel, Caubert, etc.

1. Dans un compte de Saint-Wlfran rendu par Me Champion, chapitre de
de 1771 à septembre 1775 compris, on lit page 88 verso : « d'Adrien-Charles
Wignier, sieur de Beaupré et de Gabriel Le Sergeant, son épouse, acquéreurs
devant Josse Lefebvre, 30 octobre 1761 d'Antoine-Alexis Crignon, sieur de
Beauvarlet, fils et héritier de Charles, pour une maison renfermée dans la
sienne qui fait partie de l'hôtel de Saint-Valery à l'encontre de l'autre partie
à l'hôtel-Dieu, y tenant d'un côté et d'un bout, d'autre au presbytère Saint-
Nicolas, pardevant au froc de la rue de l'hôtel-Dieu, 18 sols sans préjudice à
12 sols 9 deniers à la prévôté ci à cet office . . . . 18 sols ».

Marraine, Françoise Lefebvre, épouse de Joseph-François Wignier d'Avesnes, écuyer, oncle de l'enfant, qui suit.

X

PIERRE-CHARLES WIGNIER de Beaupré, écuyer, seigneur de Beaupré et de Béhen, fils d'Adrien et de demoiselle Le Sergent, gendarme de la garde ordinaire du roi, contrôleur ordinaire des guerres en 1777. Marié suivant contrat devant Me Champion, notaire à Abbeville, le 6 octobre 1794 (15 vendémiaire an III) à demoiselle Marie-Anne-Geneviève-Adélaïde Godart d'Argoules, née le 21 novembre 1774, paroisse Saint-Wlfran, fille de Jean-Jacques-François, écuyer, seigneur d'Argoules, Dominois, Petit-Chemin, ancien capitaine d'infanterie au régiment de Hainaut, chevalier de Saint-Louis, et de Marie-Anne-Geneviève Sanson. Mort le 5 mai 1806; Pierre Lefebvre, domicilié à Abbeville, rue Saint-Gilles, cousin maternel du défunt, et Charles-Pierre Vignon, demeurant rue Notre-Dame, figurent à son acte de décès. Sa veuve se remaria à Alexandre-Jacques Jourdain de l'Étoille; elle mourut le 5 septembre 1846, âgée de soixante-douze ans, en son château à Argoules, commune de Rue, Somme[1].

1. On voit actuellement sur la cloche de l'église d'Argoules :
   L'an 1841 j'ai été nommée Adélaïde-Charlotte
   par Mr Charles A. Wignier de Beaupré ancien
   capitaine de cavalerie, etc., dame Marie-Anne-Jeanne-G.-Adélaïde
   Godard d'Argoules veuve en premières noces de M. Wignier
   de Beaupré en secondes noces de M. Jourdain de Létoille.
   Sur l'autre face :
   J'ai été bénite par Mr J-F. Duvauchelles, curé
   d'Argoulles en présence de Mr Nicolas Gomel
   maire, Ad. Duporge adj. Léonce L. Jourdain de
   Létoille, écuyer, capitaine de la garde nationale
   Nicolas Belvalle ex-maire. Gorlier, fondeur à Frévent.
   (Saint-Germain, la sainte Vierge, Sainte-Madeleine et la croix en relief sur la cloche, diamètre 1m 10.)

GODART D'ARGOULES porte : *D'azur, à un cor de chasse lié de gueules, accompagné de trois étoiles d'or, 2 et 1, à la bordure de même.*

Dont :

1. CHARLES-ADRIEN, écuyer, né le 4 août 1795 (17 thermidor an III); présents à la déclaration de naissance : Pierre-Charles Wignier de Beaupré, écuyer, son père, âgé de trente-neuf ans, demeurant rue Frettelangue[1], André le Roy et Adrien Lejeune, tous deux demeurant rue des Meules.

2. EUGÈNE, né rue Frettelangue, le 28 décembre 1796. Le 8 nivôse an V, sont témoins à l'acte de naissance, Pierre Aclocque, demeurant rue de la Municipalité, et Simon Castillon, demeurant rue aux Pareurs. Il décéda célibataire capitaine de cuirassiers à Commercy le 28 mai 1839.

3. GUSTAVE, né le 12 février 1800 (23 pluviôse an VIII), en la commune de Maintenay, arrondissement de Montreuil-sur-Mer (Pas-de-Calais).

XI

CHARLE-ADRIEN WIGNIER de Beaupré, écuyer, seigneur d'Épagne, fut capitaine de chasseurs, 10e régiment de cavalerie. Marié paroisse Saint-Sépulcre et par contrat reçu par Lauin, notaire à Abbeville, le 18 mars 1832, à demoiselle Armande Charlotte-Bénigne Hecquet de Roquemont, fille de Clément-Charles et d'Appolline Vincent d'Hantecourt. Il mourut veuf en son château à Épagne, le 21 avril 1878 ; sa femme était décédée le 27 août 1873. Tous deux sont inhumés à la sépulture du château d'Épagne.

HECQUET DE ROQUEMONT, porte : *De gueules, au pélican avec sa*

1. Actuellement rue de l'hôtel Dieu (maison de madame veuve Lemaitre).

piété d'argent. Les branches cadettes ajoutent : *Un chef d'argent chargé de trois croizettes de gueules.*

Dont :

EDMÉE-MARIE-CHARLOTTE, née le 20 août 1834, rue du Puits à Buirettes ; témoins, Ch. Wignier de Beaupré, âgé de trente-neuf ans, capitaine de cavalerie ; Clément-Charles Hecquet de Roquemont, âgé de cinquante-cinq ans, demeurant rue d'Amendin, aïeul maternel, et M. François-Joseph, vicomte de Selves, âgé de quarante-cinq ans, officier supérieur de cavalerie, chevalier de la Légion d'honneur, rue Saint-Éloy. Elle décéda le 28 août 1834.

NOÉMIE-MARIE-CAROLINE, née le 22 août 1835, rue du Puits à Buirettes, numéro 8 ; témoins à l'acte de naissance, Clément-Charles Hecquet de Roquemont, aïeul maternel, et M. Alophe-Albert-Clément-Charles Hecquet de Roquemont, âgé de vingt-un ans, avocat à la cour royale de Paris, docteur en droit demeurant audit lieu, rue Jacob, oncle.

MATHILDE-APOLLINE-LÉANCIE, née le 4 mars 1837, rue des Carmes, numéro 8 ; témoins, Clément-Charles Hecquet de Roquemont, âgé de cinquante-sept ans, aïeul maternel, et M. André-Marie-Léon Van Robais, âgé de trente-et-un ans, oncle maternel. Mariée le 1er mai 1858 à M. Alfred Le Sergeant, baron de Monnecove, fils de M. le baron de Monnecove et de demoiselle Marcotte de Noyelles.

LE SERGEANT DE MONNECOVE porte : *D'azur, à trois gerbes d'or, 2 et 1.*

Dont :

1. ALICE, alliée à M. Jourdain de l'Étoile.
2. YVONNE, alliée à M. Alfred Tillette de Buigny.

3. HENRI-LOUIS-EMMANUEL-CHARLES, baron, attaché à l'ambassade de France à Saint-Pétersbourg, décédé le 25 août 1889 au château d'Épagne; inhumé audit lieu.

DEUXIÈME RAMEAU DE BEAUPRÉ

GUSTAVE WIGNIER de Beaupré, fils de Pierre Ch. Wignier de Beaupré et de dame Geneviève-Adélaïde Godart d'Argoules, épousa Henriette-Louise-Adèle Racine, âgée de vingt-sept ans et sept mois, demeurant à Abbeville, chez sa mère, rue Cache-Cornaille, 37, née en cette ville le 2 décembre 1808, fille majeure de Cyr-André-Louis Racine, encore adjoint à la mairie d'Abbeville, décédé à Domqueur, canton d'Ailly-le-Haut-Clocher, arrondissement d'Abbeville, le 14 novembre 1832 et de Thérèze-Henriette Deroussen, âgée de cinquante-huit ans, sa veuve. Suivant contrat passé devant Me Depoilly, notaire à Abbeville, du 12 juillet 1836. Témoins à l'acte civil, Charles-Adrien Wignier de Beaupré, âgé de quarante ans, son frère; Léonce-Léopold Jourdain de l'Étoille, âgé de ving-sept ans, demeurant à Argoules, son frère utérin; Eugène-Marie-Jean-Baptiste Morgan de Maricourt, âgé de quarante-trois ans, demeurant à Maricourt, beau-frère de la contractante; René-Parfait Delamustière, conservateur des hypothèques à Amiens, rue Saint-Jacques. M. Gustave Wignier de Beaupré décéda veuf à Amiens le 3 novembre 1875; sa femme était morte à Amiens en 1871.

Dont :

1. LOUIS-GUSTAVE, né le 30 août 1837, décédé à l'âge de vingt-neuf ans à Domqueur, le 23 décembre 1866, célibataire.

2. Henriette-Adèle-Virginie, née le 27 janvier 1840. Mariée à M. le vicomte de Buttler, décédée à Amiens le 4 mars 1889, sans postérité.

De Buttler porte : *Écartelé : aux 1 et 4 d'or, au chef d'azur émanché de deux pièces et deux deniers; aux 2 et 3 : de gueules à trois coupes couvertes d'or, 2 et 1.*

Branche éteinte.

BRANCHE D'AVESNES

IX

JOSEPH-FRANÇOIS WIGNIER, écuyer, seigneur d'Avesnes, second fils de Charles et d'Antoinette d'Amiens, avocat au Parlement, procureur du Roi en la maréchaussée de Picardie à la résidence d'Abbeville, habitait rue Saint-André ; il fut délégué en 1751 comme troisième échevin pour aller complimenter Mgr d'Aligre, suivant délibération municipale du 22 octobre 1751.

M. Jean-Claude du Chesne, écuyer, seigneur de la Motte-Buleux, etc., alors maïeur de la ville d'Abbeville, ayant exposé que Mgr d'Aligre, le nouvel intendant de la province, arrivait le lundi 25 en la ville d'Amiens, qu'il était de bon ordre et de l'intérêt de la ville d'aller le saluer pour mettre la ville d'Abbeville sous sa protection ; la compagnie, ayant approuvé cette proposition, choisit et députa M. Wignier, échevin, et M. Delignières, procureur du Roi et fiscal de la ville, qu'elle a priés de se rendre le lundi 25 courant en la ville d'Amiens pour y complimenter le nouvel intendant, ce dont ils se sont volontairement chargés (V. délibération de l'échevinage).

3

M. Wignier fut aussi trésorier des fortifications d'Abbeville (délibération du 12 mai 1750), et trésorier particulier au corps royal de l'artillerie et du génie (délibération du 28 juin 1757.) Le 14 décembre 1757, il fit l'acquisition ès-mains de puissant messire Jacques, marquis de Saint-Blimont, vicomte de Saigneville, etc., capitaine de cavalerie au régiment de Clermont-Tonnerre, demeurant en son château de Pendé, de la terre et seigneurie d'Avesnes, située en Ponthieu, consistant en haute justice, droits honorifiques, censives, etc., et autres droits portés par la coutume, marais commun aux habitants, ferme, pourpris, enclos, pâtures, terres labourables, d'une contenance de 180 journaux. Il y fit bâtir un château et mourut à Abbeville le 11 décembre 1772 âgé de cinquante-six ans; il fut inhumé le lendemain aux RR. PP. Minimes d'Abbeville en présence de Charles-François-Joseph Wignier d'Avesnes, avocat au Parlement, son fils aîné, de M. Josse Lefebvre, sieur de Warrest et du petit Hellencourt, conseiller du Roi, président juge des traites foraines de cette ville, son beau-frère, et de M. Lejeune, curé. Il avait épousé par contrat du 10 mars 1749 devant Me Watel, notaire à Abbeville, et le lendemain en la paroisse Sainte-Catherine, demoiselle Marie-Anne-Françoise Lefebvre d'Hardicourt, née le 12 décembre 1721, fille de Pierre-Antoine et de demoiselle Marie-Marguerite-Françoise du Marcq, demeurant en cette ville, vis-à-vis la fontaine Lecomte, paroisse Sainte-Catherine. Elle mourut le 6 avril 1787, âgée de soixante-six ans, et fut inhumée le lendemain dans le cimetière de la paroisse Saint-Gilles, en présence de M. Charles-François Wignier d'Avesnes, conseiller du Roi, rapporteur du point d'honneur, son fils, de M. Josse Lefebvre, seigneur de Warrest, et de Me Dumont, curé.

LEFEBVRE D'HARDICOURT porte : *De sinople, à la croix pleine d'argent.*

Dont :

1. CHARLES-FRANÇOIS-JOSEPH, écuyer, né le 1ᵉʳ juin 1750, paroisse Saint-André, qui suit; parrain, Adrien-Charles Wignier de Beaupré, oncle paternel; marraine, Marie-Marguerite-Françoise du Marcq, tante de Antoine Lefebvre, grand'mère maternelle.

2. PIERRE-FRANÇOIS-JOSSE, écuyer, né le 6 août 1751, décédé le 2 janvier 1757, inhumé paroisse de Sainte-Catherine, en présence de son père et de M. Boullon, docteur-médecin, son cousin.

3. JEAN-MARIE, écuyer, sieur de Warre, qui suivra, né le 10 janvier 1753, et auteur de la branche de Warre.

4. MARIE-THÉRÈSE-SOPHIE, née le 15 septembre 1758, baptisée le même jour à Saint-Gilles. Parrain, Josse Lefebvre, oncle maternel; marraine, Marie-Gabrielle le Sergeant, épouse d'Adrien-Charles Wignier de Beaupré. Mariée suivant contrat devant Nicolas Coulombel le 3 novembre 1803 (11 brumaire an XII), et à la municipalité d'Abbeville le 17 brumaire an XII (9 novembre 1803), à Charles-Albert Loisel le Gaucher, veuf sans enfants, né à Rue le 8 avril 1733, baptisé dans l'église du Saint-Esprit et de Saint-Vulphy de Rue, écuyer, seigneur de Vercourt, Wacourt, Neuvillette, lieutenant-colonel d'artillerie (brevet daté de Londres du 9 octobre 1799). Il eut quarante-trois ans de services effectifs aux corps de l'artillerie. Chevalier de l'ordre royal et militaire de Saint-Louis. Sa seconde femme mourut sans postérité le 1ᵉʳ juin 1817, paroisse Saint-Gilles, en son domicile, rue de Larquet, 1, et fut inhumée dans le caveau de la chapelle du château d'Avesnes; comparaissent à son acte de décès : Josse-François-Pierre Lefebvre d'Hardicourt, demeurant rue

Saint-Gilles, son cousin germain; Adrien-Alexandre-Jean-Honoré Levêque de Neuvillette, âgé de trente-deux ans, maire de Ligescourt, demeurant à Abbeville, cousin de la défunte, déclarant qu'elle est décédée à Abbeville, rue de Larquet, 1¹, à l'âge de cinquante-huit ans huit mois dix-sept jours. M. Loisel le Gaucher décéda à Abbeville le 10 pluviôse an XII (31 janvier 1804), rue des Rapporteurs, à l'âge de soixante-dix ans dix mois; il était fils de Jean-Baptiste, écuyer, seigneur du Broustel-Cantereine, etc., maïeur de Rue en 1773-1776, et de demoiselle Antoinette-Madeleine le Roy de Barde; figurent à son acte de décès : M. Wignier d'Avesnes, son beau-frère, M. le Roy de Barde, son cousin germain du côté maternel.

M. Loisel le Gaucher avait épousé en premières noces mademoiselle Marguerite-Françoise-Josèphe de Madre, morte à Montreuil-sur-Mer le 2 novembre 1791, dont il eut :

1. Un garçon, né le 5 janvier 1780, ondoyé par le chanoine Poultier de Montreuil-sur-Mer, décédé trois jours après à Écuires, paroisse de Saint-Waast (Pas-de-Calais).

2. Demoiselle Sicilla-Misia, née le 30 janvier 1781, décédée âgée de dix jours à Campigneulles-les-Grandes, paroisse de Saint-Waast (Pas-de-Calais).

LOISEL LE GAUCHER porte : *De gueules, au chevron d'or, accompagné de deux oiseaux affrontés, et, en pointe, d'un lévrier courant d'argent accolé et bouclé d'or.*

---

1. Cette maison fut léguée par testament de Mᵐᵉ Loisel le Gaucher à M. Charles-Augustin Wignier d'Avesnes. Elle est actuellement possédée par M. Lejeune, rue Millevoye, 14.

X

CHARLES-FRANÇOIS-JOSEPH WIGNIER d'Avesnes, écuyer, seigneur d'Avesnes, avocat, conseiller-rapporteur du point
d'honneur au tribunal de nos seigneurs les Maréchaux de
France, né·le, 1ᵉʳ juin 1750, baptisé le lendemain en l'église
Saint-André d'Abbeville. Parrain, Adrien-Charles Wignier
de Beaupré, son oncle; marraine, Marie-Marguerite-Françoise
du Marcq, veuve de Pierre-Antoine Lefebvre, grand' mère
maternelle. Marié civilement le 2 décembre 1794 (12 frimaire
an III). Contrat devant Mᵉ Philippe Watel, notaire à Abbeville; la célébration religieuse avait été célébrée le 18 novembre 1794[1] avec demoiselle Gabrielle-Catherine-Thérèse-
Flavie Blondin du Translay de Bazonville, née le 1ᵉʳ juin 1766,
paroisse Saint-Wlfran, deuxième fille de Gabriel-Augustin,
écuyer, chevalier de l'ordre royal et militaire de Saint-
Louis, ancien capitaine au régiment de Hainaut, infanterie,
ancien maïeur, commandant pour le roi à Abbeville et
sur la côte; et de Marie-Charlotte-Rosalie Wignier, demoiselle du Translay; contrat reçu par Philippe Watel, notaire

1. Le dix-huitième jour du mois de novembre de l'an 1794, après la procla-
mation faite par l'officier public selon les formes prescrites par la loi sans
qu'il se soit trouvé empêchement, je soussigné, prêtre catholique romain,
muni du consentement nécessaire, ayant obtenu dispense pour un empêchement du trois au quatre des mains de M. Lestocq, grand vicaire et
doyen de l'église cathédrale d'Amiens qui n'a pu le donner que de vive voix,
vu la captivité où il gémit, sauf à la renouveler lorsque les circonstances le
permettront, et en vertu des pouvoirs accordés par monseigneur de Machault,
évêque d'Amiens à tout prêtre insermenté de bénir des mariages par tout le
diocèse, ai fiancé et ensuite marié Charles-François-Joseph Wignier, âgé de
quarante-quatre ans, fils de feu Joseph-François et de Marie-Anne-Françoise
Lefebvre, domicilié sur la paroisse de Saint-Riquier d'Avesnes, d'une part; et
Gabrielle-Catherine-Thérèse-Flavie Blondin, âgée de vingt-huit ans, fille de
Gabriel-Augustin et de Marie Charlotte-Rosalie Wignier, domiciliée en la
paroisse de Saint-Wltran de la Chaussée, d'autre part; en présence de Charles-
Henri-Aimé Blondin et de Charles-Marie-Robert Blondin, parents de l'épouse,
de François-Augustin Warré et de Dominique Doye, qui ont déclaré ce que
ci-dessus être conforme à la vérité, et ont signé en conséquence avec nous
ainsi que lesdits époux, lesdits jour et an. Suivent les signatures.

à Abbeville, 2 décembre 1794, an III de la République. Il fut maire de Vron et décéda à Abbeville le 3 janvier 1818 d'une attaque d'apoplexie, âgé de soixante-sept ans sept mois trois jours en son domicile rue Babos, section A., 376. Présents à l'acte de décès : M. Joseph Buteux, âgé de vingt-trois ans, demeurant en cette ville, rue des Rapporteurs; Charles-Adrien Wignier de Beaupré, âgé de vingt-deux ans, officier au 10ᵉ régiment de chasseurs à cheval, en ce moment en congé de semestre, cousin germain. La présentation eut lieu à Saint-Sépulcre et il fut inhumé le 5 suivant en la sépulture du château d'Avesnes; sa veuve décéda à Abbeville, rue de Larquet, nᵒ 1, le 28 décembre 1832, à l'âge de soixante-six ans six mois vingt-sept jours ; elle fut inhumée le lendemain en la sépulture d'Avesnes; présents à l'acte de décès : Charles-Augustin Wignier d'Avesnes, âgé de trente-sept ans, et Joseph Wignier d'Avesnes, âgé de trente-six ans, tous deux demeurant à Abbeville, rue de Larquet, nᵒ 1.

M. Charles-François-Joseph Wignier d'Avesnes et demoiselle Gabrielle Blondin de Bazonville, sa femme, vendirent le 5 juin 1814, par contrat devant Alexandre-Raymond Wattebled et son collègue, notaires à Abbeville, leur hôtel, dit hôtel de Melun, sis à Abbeville, alors rue de Larquet, section B, nᵒ 158, tenant d'un côté à M. Boucher, directeur des douanes, d'autre côté à la veuve Gally, et par-derrière à la dame Hecquet de Beaufort¹. L'acquéreur fut le sieur Jacques-

---

1. L'hôtel de Melun provenait de Bonne-Louise-Élisabeth de Melun, femme de Philippe-Alexandre-Emmanuel-François-Joseph de Ghistelles, appartenant à dame Louise-Adélaïde-Victoire de Langhac, épouse de Charles-Joseph Descoraille, demeurant à Paris, rue de Vaugirard, nᵒ 940, ou à Beaumont-le-Roger (Eure) ; il fut vendu à Charles-François-Joseph Wignier d'Avesnes et à demoiselle Gabrielle-Catherine-Thérèse-Flavie Blondin de Bazonville, son épouse, et demoiselle Marie-Thérèse-Sophie Wignier d'Avesnes, leur sœur et belle-sœur, fille majeure, demeurant à Abbeville, et M. Wignier, demeurant à Avesnes, par acte passé devant Mᵉ Wallois, notaire à Abbeville, le 8 brumaire an XII. Charles-Joseph Descoraille et Louise-Adélaïde-Victoire de Langhac, sa femme, étaient héritiers de dame de Ghistelles, cette dernière héritière de M. Alexandre de Maillocq, seigneur de Meulleville et Tours.

Toussaint Davesnes, demeurant à Paris, et dame Marie
Cretel, son épouse. Madame veuve Wignier d'Avesnes et ses
enfants vendirent le 9 mars 1821, par contrat devant
Me Grégoire-Joseph-Alexandre Wallois et son collègue,
notaires à Abbeville, un autre hôtel situé rue de la Briolerie,
section A, nº 376, à M. Firmin-Emmanuel Bouvaist, bras-
seur, et dame Marie-Madeleine-Sophie Peuvrel, son épouse.

Dont :

1. CHARLES-AUGUSTIN, écuyer, né à Abbeville le 13 vendémiaire an IV (5 octobre 1795). Présents à l'acte de
naissance : Charles-François-Joseph Wignier, âgé de
quarante-trois ans, domicilié à Avesnes, assisté de
M. Alire-Nicolas Douville, âgé de quarante-trois
ans, demeurant rue de la Buirette, beau-frère du
déclarant, et Marie-Charlotte-Rosalie Wignier, âgée
de soixante-cinq ans, épouse de M. Gabriel-Augustin
Blondin de Bazonville, demeurant rue Hors-les-Murs,
belle-mère du premier, lequel déclare que Gabrielle-
Catherine-Thérèse-Flavie Blondin, sa femme, est
accouchée hier à sept heures du soir en sa maison
rue Notre-Dame, où le déclarant a conservé un pied
à terre, d'un garçon auquel il donne pour prénoms
Charles-Augustin, baptisé le 1er février 1796, paroisse
d'Avesnes, canton de Rue, par Mre Lecomte, prêtre
et chanoine de l'église collégiale de Saint-Firmin-le-
Martyr, de Montreuil-sur-Mer. Parrain par adoption,
Gabriel-Augustin Blondin de Bazonville, grand'père
de l'enfant, représenté par Jean-François-Joseph
Lecomte, demeurant à Flexicourt, paroisse de Nam-
pont-Saint-Martin ; marraine, Marie-Thérèse-Sophie
Wignier d'Avesnes, tante du côté paternel. — Ancien
chevau-léger de la garde ordinaire du Roi, entré
dans ladite compagnie le 5 juillet 1814 avec brevet
de lieutenant de cavalerie, Charles-Augustin a rejoint

Sa Majesté à Gand. Il mourut célibataire en son château d'Avesnes le 27 juillet 1866 âgé de soixante-dix ans et dix mois. A été maire de Vron depuis la Restauration jusqu'en 1865. Une des cloches actuelles de l'église de Vron eut pour parrain en 1823, M. Charles-Augustin Wignier d'Avesnes, écuyer, ancien officier de cavalerie, maire de la commune de Vron, et pour marraine, Marie-Antoinette Jacobe, comtesse de Fontaines. La cloche fut nommée Marie-Antoinette. — Demoiselle Marie-Antoinette-Josèphe Jacobe, née comtesse de Fontaines, dernière du nom, décéda le 24 février 1848 et fut inhumée à Vron.

2. JOSEPH, écuyer, né au château d'Avesnes le 15 frimaire an V (5 décembre 1796), qui suivra, baptisé à Abbeville par Mre Asselin, curé de Barly, le 3 août 1797; parrain, Charles Wignier de Beaupré, cousin issu de germain; marraine, Catherine-Charlotte-Rosalie Wignier de Franssu, épouse de M. Blondin de Bazonville (archives de la collégiale de Saint-Wlfran).

3. CHARLOTTE-SOPHIE-FLAVIE, née au château d'Avesnes le 16 brumaire an VIII (17 novembre 1799), mariée suivant contrat reçu par Wallois, et par célébration au château d'Avesnes le 26 juillet 1832 à Alexandre-Alphonse Aubé de Bracquemont, écuyer, seigneur de Damery, fils de Louis-François et de Augustine de Roll. Elle décéda le 18 juillet 1852 et fut inhumée dans la sépulture du château de Damery, dont postérité.

4. MARIE-APOLINE, née le 15 avril 1807, morte à Abbeville le 15 juin 1820, inhumée à Avesnes.

AUBÉ DE BRACQUEMONT porte : *De gueules, à huit losanges d'argent mis en croix.*

XI

Joseph WIGNIER d'Avesnes, écuyer, ancien chevau-léger de la garde ordinaire du roi, est entré dans ladite compagnie le 5 juillet 1814 avec brevet de lieutenant de cavalerie; il a accompagné Sa Majesté jusqu'à la frontière et est allé la rejoindre à Gand. Décédé en son château de Cantereine, près Rue, le 22 mars 1851, il fut inhumé dans le caveau de la chapelle d'Avesnes. Marié suivant contrat reçu par Me Telliez, notaire à Crécy, le 19 février 1841 à demoiselle Marie-Victorine de Rougeat, née à Dominois le 19 mai 1812, décédée audit lieu le 1er mai 1875, inhumée dans le caveau de la chapelle d'Avesnes; elle était fille de Victor-François, chevalier, seigneur de la Pilarderie des Plouviers[1] et autres lieux, ancien noble à pied de la septième compagnie du corps d'armée de monseigneur le prince de Condé, avec titre de lieutenant d'infanterie, chevalier de l'ordre royal et militaire de Saint-Louis, et de Marie-Louise-Étiennette-Jacquette-Sophie Godart de Thuison de Beaulieu, dont le père fut capitaine au régiment de Normandie.

De Rougeat porte au premier chef : *D'azur, à trois étoiles d'argent.* Au deuxième : *De gueules, à deux tours d'argent, de deux croissants de même à chaque côté des deux tours avec couronne de comte surmontée d'un casque.*

Godart de Thuison de Beaulieu porte : *D'azur, au cor de chasse, lié de gueules, accompagné de trois étoiles à six pointes d'or, 2 et 1, l'écu orlé d'or.*

Dont :

1° Charles-Adrien, écuyer, qui suivra, né au château de Canteraine le 29 décembre 1841. Baptisé à Rue, il

1. Il eut pour parrain Victor-François de Broglie, pair et maréchal de France, prince du Saint-Empire, chevalier des ordres du roi.

eut pour parrain, Charles-Augustin Wignier d'Avesnes, et pour marraine, Athénaïse de Rougeat.

2° MARIE-VICTORINE-CHARLOTTE, née au château de Canteraine le 21 mai 1843, baptisée à Rue; elle eut pour parrain Alexandre-Ferdinand de Rougeat, et pour marraine, Mme Aubé de Bracquemont. Mariée par contrat de Me Ledoux, notaire à Rue, le 29 juin 1868, à Raymond-Albert de Ternisien d'Ouville, né à Cerisy-Buleux le 12 juillet 1839, fils de Henri-Raymond, né à Cerisy-Buleux le 15 avril 1805, décédé à Cerisy-Buleux le 9 février 1871, et de dame Alphonsine-Aimée de Ternisien de Boiville, née à Cerisy-Buleux le 12 février 1816. Mme Ternisien d'Ouville mourut audit lieu dans sa soixante-dix-huitième année le 10 janvier 1893. Dont : a) MARIE-CHARLOTTE-NELLY, née au château de Canteraine, près Rue, le 25 novembre 1872, décédée le même jour et inhumée au caveau de la chapelle d'Avesnes; b) JOSEPH-ALBERT-TIMOLÉON, né au château de Canteraine le 1er juillet 1874, baptisé en l'église de Rue le 25 août 1874. Parrain, Alfred-Anatole Ternisien de Boiville; marraine, Marie-Victorine de Rougeat, sa grand'mère; c) VICTORINE-CHARLOTTE-ADRIENNE, née au château de Canteraine le 25 octobre 1875, baptisée en l'église de Rue. Parrain, Charles-Adrien Wignier d'Avesnes, et marraine, Alphonsine-Aimée de Ternisien de Boiville, épouse de Henri-Raymond de Ternisien d'Ouville.

DE TERNISIEN D'OUVILLE porte : *D'argent, à trois fleurs de lis au pied coupé de gueules, accompagnées de trois étoiles mal ordonnées.*

XII

CHARLES-ADRIEN WIGNIER d'Avesnes, écuyer, ancien capitaine

de la 9ᵉ compagnie du 3ᵉ bataillon de la 2ᵉ légion des mobilisés de la Somme, marié : 1° à demoiselle Maria-Suzanne-Antoinette Jacquemin de Châteaurenault, née au château de Wicardenne, commune de Saint-Martin-lès-Boulogne, le 22 janvier 1851, suivant contrat du 17 avril 1871, devant Mᵉ Germain-Étienne Michel, notaire à Boulogne-sur-Mer, suivi de célébration le lendemain, fille de Alexandre-Joseph-Jules et de demoiselle Marie-Suzanne-Palmyre du Tertre; décédée à Menton (Alpes-Maritimes), le 27 mars 1876, inhumée en la chapelle d'Avesnes, sans postérité. Sa mère décéda le 27 février 1889 et fut inhumée audit Avesnes, et son père y décéda dans sa quatre-vingtième année, le 28 février 1893 il fut également inhumé audit lieu ; 2° suivant contrat du 20 mai 1880, devant Louis-Jules Bègue, notaire à Samer, à demoiselle Marie-Françoise-Henriette du Tertre, née à Boulogne-sur-Mer le 29 septembre 1856, et par célébration du 1ᵉʳ juin 1880 en l'église de Doudeauville, canton de Samer (Pas-de-Calais), fille de François-Henri et de dame Marie-Constance-Louise-Isabelle Watelet de la Vinelle.

L'arrière-grand-père paternel de Mademoiselle Marie-Françoise-Henriette du Tertre, Louis-Marie-Joseph du Tertre, écuyer, seigneur de Le Marcq, lieutenant au régiment de royal vaisseau en 1769 (élève à l'école royale militaire), entré dans les gardes du corps, fut capitaine d'infanterie aux volontaires de Nassau, puis capitaine au régiment de Béon (infanterie); il a émigré en 1791 et a été fusillé à Quiberon le 2 juillet 1795. Il était en 1786 chevalier de l'ordre royal et militaire de Saint-Lazare et du Mont-Carmel et, plus tard, il fut nommé chevalier de Saint-Louis; il avait épousé demoiselle Marie-Magdeleine-Thérèse le Roy d'Ambreville.

Charles-Adrien Wignier d'Avesnes, suivant testament de Mademoiselle Marie-Athénaïse de Rougeat, en date du 2 mai 1876, hérita du château et de la terre de Dominois.

Jacquemin de Châteaurenault porte : *D'argent, au chevron abaissé de gueules, accompagné en chef d'une aigle éployée d'azur et, en pointe, d'une main de sable.*

Du Tertre porte : *D'argent, à trois aigles éployées à deux têtes de gueules, becquées et membrées d'azur, posées 2 et 1.*

Dont, du second lit :

1. Maria-Suzanne-Antoinette, née le 8 mars 1881 au château d'Avesnes, baptisée en l'église de Vron par M. l'abbé Lartigue, curé de la paroisse, le 9 mars 1881. Parrain, Alexandre-Joseph-Jules de Châteaurenault ; marraine, la femme de ce dernier, Marie-Suzanne-Palmyre du Tertre.

2. Charles-Adrien, écuyer, né au château d'Avesnes le 19 mai 1886, baptisé en l'église de Vron par M. l'abbé Lartigue, curé de la paroisse, le 27 mai 1886. Parrain, Raymond-Albert de Ternisien d'Ouville ; marraine, Marie-Constance-Louise-Isabelle Watelet de la Vinelle, veuve de François-Henri du Tertre.

BRANCHE DE WARRE

X

JEAN-MARIE WIGNIER, écuyer, sieur de Warre, troisième fils
de Joseph-François, seigneur d'Avesnes, et de Marie-Anne-
Françoise Lefebvre d'Hardicourt, né le 10 janvier 1753,
lorsque son père était échevin, fut baptisé paroisse Saint-
Gilles, en présence de M. du Chesne de Courcelles, étant
maïeur de la ville d'Abbeville, 1751-1753, et de Mᵐᵉ Douville. Il fut contrôleur des fermes, inspecteur de l'enregistrement et des domaines, puis conservateur des hypothèques à
Abbeville. Marié suivant contrat reçu par Mᵉ Hazard, notaire
à Arras, le 13 novembre 1792, et par célébration à Arras le
26 suivant à demoiselle Sophie-Opportune Tauchon, née à
Amiens le 18 mars 1764, paroisse Saint-Firmin-en-Castillon,
fille de Jean-Baptiste-Léon, inspecteur général des rôles,
veuf de Catherine-Antoinette Fieffé de Liévreville, dont le
père décéda à Arras le 24 décembre 1806, ancien directeur
des contributions directes à Arras. Elle décéda à Saint-Valery-
sur-Somme le 12 novembre 1849 à l'âge de quatre-vingt-
cinq ans et huit mois. M. Jean-Marie Wignier de Warre

décéda à Abbeville, faubourg Saint-Gilles, le 19 décembre 1831, à l'âge de soixante-dix-neuf ans; furent présents à son acte de décès, M. Gustave Wignier de Beaupré, demeurant à Noyelles-sur-Mer, son cousin germain, et M. Gustave-Laurent Douville, demeurant à Abbeville, rue des Jacobins.

Dont :

1. CHARLES-MARIE-JOSEPH, écuyer, né le 21 mai 1793 à Arras, mort à Béthune le 24 août 1795 (7 fructidor an II).

2. JUSTE-THÉOPHILE-PLACIDE, né à Béthune le 23 novembre 1794 (3 frimaire an III), décédé célibataire à la ville d'Eu le 31 juillet 1851.

3. CHARLES-PIERRE-JOSEPH, qui suit, né à Béthune, le 29 juin 1796 (11 messidor an IV); témoins à l'acte de naissance, Jean-Marie-Wignier, Tauchon et Lallart.

4. LÉON-DIEUDONNÉ-JEAN-BAPTISTE, né à Amiens le 27 avril 1798 (8 floréal an VI), qui suivra.

5. JOSEPH-CLÉMENT, né à Ailly-sur-Somme le 5 mai 1800, qui suivra.

6. MARIE-ALFRED, né jumeau à Ailly-sur-Somme le 5 mai 1800, décédé audit lieu le 8 juillet 1801.

XI

CHARLES-PIERRE-JOSEPH WIGNIER de Warre, chevalier de l'ordre du Lis, receveur de l'enregistrement et des domaines et des actes civils à Saint-Valery-sur-Somme, puis à Montdidier, et enfin à Abbeville, décéda le 7 février 1877; marié suivant contrat du 24 août 1833, reçu par Masson, notaire à Roye, à demoiselle Marie-Florence Lendormy d'Arger, née le 6 novembre 1808, fille de Augustin-Paul-François et de demoiselle Louise-Caroline Ballin. — Voir appendice.

Lendormy d'Arger porte : *Coupé, au premier parti de sinople, à trois feuilles de houx d'argent et d'azur, à un croissant d'argent, et au second, d'argent, fascé d'azur de six pièces.*

Dont :

Charles-Arthur-Achille, qui suit.

XII

Charles-Arthur-Achille, né à Saint-Valery-sur-Somme, dans le local actuel de l'Hôtel de Ville, le 18 août 1834, chevalier de l'ordre pontifical du Saint-Sépulcre, marié à Saint-Germain en Laye (Seine-et-Oise) le 4 novembre 1868 à demoiselle Marie Roy, fille de Auguste-Louis et de Léonie Roy, née à Paris le 9 février 1843, baptisée le 2 mars 1843, paroisse des Blancs-Manteaux. Parrain, Charles-Albert Lesouef, oncle de l'enfant, et Victoire-Virginie Marmet, épouse Roy, grand'mère de l'enfant.

Dont :

1. Un garçon, mort en naissant le 22 août 1869.
2. Charles-Fernand Wignier de Warre, né à Abbeville, rue de la Tannerie, numéro 22, le 25 juillet 1870, ondoyé le même jour, par le vénérable abbé Dergny, vicaire de Saint-Gilles, et baptisé même paroisse le 16 septembre 1871. Parrain, M. Charles Wignier de Warre, grand-père paternel de l'enfant ; marraine, Mᵐᵉ Léonie Roy, grand'mère maternelle de l'enfant.

DEUXIÈME RAMEAU DE WARRE

XI

Léon-Dieudonné WIGNIER, né à Amiens le 27 avril 1798 (les témoins à son acte de naissance sont : Jean-Baptiste-Léon Tauchon, aïeul maternel, et Honoré Fieffé de Liévre-ville), chevalier de l'ordre du Lis, sous-inspecteur de première classe des eaux et forêts, décédé à Hangest-sur-Somme le 23 janvier 1881 dans sa quatre-vingt-troisième année; il fut inhumé au cimetière de la Madeleine, à Amiens. Il fut marié à Alexandrine-Eugénie Poiré, à Paris, décédée à Amiens le 27 mars 1862, à l'âge de cinquante-huit ans.

Dont :

1. Léon-Eugène, né le 7 juin 1828, décédé en 1840 à Lunéville.

2. Charles, né à Paris en août 1829, décédé à Nîmes (Gard) en 1831.

3. Mathilde-Louise-Clémence, née au Quesnoy, arrondissement d'Avesnes (Nord), le 6 novembre 1831.

4. Marie-Angélique-Delphine, née le 14 novembre 1833, décédée le 27 août 1853, âgée de dix-neuf ans et demi, à Bar-sur-Aube.

5. GUSTAVE-CHARLES-ARSÈNE, né à Locquignol (Nord), attaché aux eaux et forêts, marié à demoiselle Bégué, décédé à Cherchell (Algérie) le 22 septembre 1867, sans postérité.

6. ALPHONSINE-OPPORTUNE-EUGÈNIE, née à Baccarat le 9 juillet 1839, décédée à Amiens le 18 mars 1860. Rameau éteint.

TROISIÈME RAMEAU DE WARRE

XI^{ter}

Joseph-Clément WIGNIER, né le 5 mai 1800, marié suivant contrat devant Mᵉ Depoilly, notaire, le 22 octobre 1829, à demoiselle Valentine Cassen, décédé à Paris-Auteuil le 25 avril 1880 à l'âge de quatre-vingts ans. Sa femme décéda à Paris, rue Nollet, 82, le 28 août 1878.

Dont :

Sophie-Clémence, née en septembre 1830, mariée à Guiscard le 22 octobre 1853 à Arlande Ayharts, décédée à Paris-Auteuil, 32, rue Poussin ; service funèbre en l'église de Notre-Dame d'Auteuil le 4 août 1881. Dont : a) Maurice-Arlande, né à Paris le 12 octobre 1855, décédé adulte ; b) Demoiselle N..., née le 20 octobre 1856, décédée en juin 1857 ; c) Léon-Charles-Eugène, né à Paris le 10 décembre 1858, décédé à Paris, xive arrondissement, le 25 juin 1882. Rameau éteint.

APPENDICE

DE HUPPY DE MIRAUMONT

FRANÇOISE WIGNIER de Franssu, fille d'Adrien et de demoiselle Françoise Pappin, morte le 26 mars 1676, inhumée le 28 suivant dans la nef de l'église royale et collégiale de Saint-Wlfran, en présence de messire Huppy de Miraumont, son mari, de M. Adrien Wignier de Franssu, son frère aîné, et de M. le curé Boulongne, avait épousé, par contrat reçu par Retard, notaire à Abbeville, en date du 11 décembre 1661, Charles de Huppy, sieur de Miraumont, lieutenant-civil et criminel au siège de l'amirauté d'Abbeville, fils de Mathieu de Huppy, médecin du roi, médecin ordinaire de mademoiselle de Montpensier, et de demoiselle Catherine le Roy de Saint-Lau.

Dont :

1. MATHIEU, allié à Catherine Hermant.
2. VULFRAN, licencié en médecine, vivait en 1691.
3. CHARLES-BERNARD, sieur de Bois-Langle, licencié ès-lois, mort paroisse Saint-Georges le 27 février 1710.
4. PHILIPPE, sieur de Marchemont.
5. ALEXIS.

6. FRANÇOISE-CATHERINE, morte à marier le 27 février 1732, inhumée le 28, en l'église du Saint-Sépulcre, en présence de M. Marchemont, son frère, de M. Adrien Creton, maire de la ville d'Eu, son neveu, et de François de Huppy de Miraumont, aussi son neveu, et de Dufestel, vicaire. Elle a fondé en cette paroisse la fête de sainte Françoise.

7. MARIE-ANNE.

DE HUPPY DE MIRAUMONT porte : *D'azur, au chevron d'or, accompagné de trois oiseaux d'or, deux en chef et un en pointe.*

DE CROCQUOISON DE LA COUR DE FIEFS

FRANÇOIS-HYACINTHE DE CROCQUOISON, écuyer, garde du corps du roi, seigneur de la Cour de Fiefs et de Flixecourt en partie, du bout de ville d'Amy, après l'acquisition qu'il fit en 1775 de la seigneurie de Flixecourt, lors de la vente qui en fut faite par le duc de Chaulnes, au banquier Calmer Liefman, au bureau des finances de la généralité d'Amiens; il était fils de Jean-Baptiste, seigneur de la Cour de Fiefs, marié le 22 février 1710 à Marie-Anne Pruvot. Il avait épousé le 16 février 1744 demoiselle Jeanne Boullenger de Rivery, fille de Nicolas, seigneur de Rivery[1], etc., et

1. Lors de l'entrée des anciens évêques d'Amiens dans leur nouvel évêché, l'évêque était monté sur une mule. Le seigneur de Rivery aidait le prélat à descendre de sa monture et, pour prix de ce service, s'emparait de la mule et de son harnais, comme possesseur du fief de la mule de l'évêque dont la seigneurie appartenait à l'évêché. Ce fief, dit M. Dusevel, était situé à Pernois, village dont la seigneurie appartenait à l'évêque d'Amiens*. Après le cérémonial d'installation, avait lieu un grand festin; la coupe dont s'était servi le prélat pendant le repas devenait la propriété du sire de Coisy; la vaisselle était attribuée au seigneur de Rivery; celui des fiefs de la paneterie avait pour sa part les nappes et autres linges de table; le vidame recevait l'anneau d'or que l'évêque portait au doigt ce jour-là. Le prélat donnait une robe à chacun des officiers du chapitre et, de plus, à la cathédrale, une chape d'or de la valeur de 100 écus. Ces charges étaient fort onéreuses pour le prélat. Monseigneur Lefebvre de Caumartin fit son entrée sans appareil. Le seigneur de Rivery, voulant maintenir ses droits, faisait dresser des procès-verbaux

* Le château de Pernois était anciennement la maison de plaisance des évêques d'Amiens; il se composait de plusieurs tours, et d'un corps de logis assez vaste. Il fut reconstruit en 1565 par Antoine de Créquy, cardinal-évêque d'Amiens et chevalier de l'ordre de Saint-Michel. Ce prélat l'habitait continuellement quand il n'était pas à la cour de Charles IX, car il en voulait au chapitre de la cathédrale d'Amiens qui avait prétendu lui faire couper la barbe qu'il portait très longue lorsqu'il se présenta pour prendre possession de l'évêché de cette ville.

de dame Jeanne de Halloy, fille de Nicolas, sieur d'Omémont, et de demoiselle de Court. Elle vivait le 12 avril 1754 et décéda en 1794.

De ce mariage sont issus :

1. ANTOINE, seigneur de la Cour de Fiefs, chevalier, garde du roi, décédé célibataire à Berteaucourt-les-Dames, en 1889, âgé de plus de soixante ans.
2. LOUIS-ROBERT-JOSEPH, qui suivra.
3. JEANNE, qui épousa Adrien-Jacques-François Wignier, écuyer, seigneur de Franssu.
4. MARIE-THÉRÈSE-ANGÉLIQUE, décédée à Flixecourt le 5 novembre 1835, âgée de quatre-vingts ans et trois mois, sans alliance.

LOUIS-ROBERT-JOSEPH DE CROCQUOISON, seigneur d'Amy. Ce fief devait venir des Boullenger et le nom devait en être porté par le cadet; il obtint de son frère aîné la concession de la seigneurie de Flixecourt à l'époque de la Révolution. Officier d'infanterie au régiment de Cambraisis, il épousa le 10 prairial an V demoiselle Françoise-Angélique-Ursule-Catherine Boullenger de Rivery, sa cousine germaine; il décéda à Flixecourt le 2 mai 1828 âgé de soixante-dix-huit ans et quatre mois; sa femme est décédée à Roye en 1844; près de Roye se trouvait le fief d'Amy.

tendant à prouver qu'il avait satisfait de sa part aux hommages qui lui étaient prescrits envers les évêques d'Amiens.

François Faure, pendant son épiscopat, indemnisa le seigneur des droits à lui dûs. Messeigneurs Feydeau de Brou et Pierre Sabatier reconnurent ces droits par actes authentiques et s'en tinrent là. En 1733, pendant la vacance du siège, M. Boullenger de Rivery fit paraître un mémoire afin de soutenir ses droits; d'après Delgove (*Histoire de Mgr de la Motte*, p. 584), monseigneur de la Motte voulant, lors de son arrivée (1734), couper court à toute contestation, paya au seigneur de Rivery la somme demandée pour le rachat du droit en litige et l'évêché s'en trouva alors affranchi, puis survint la Révolution qui rompit toutes les traditions de l'église d'Amiens. (V. Soyez, *Notices sur les évêques d'Amiens*).

De ce mariage sont issus :

1. JOSEPH-NICOLAS-HYACINTHE de la Cour de Fiefs né en 1805, décédé à Paris le 23 juillet 1826.

2. MARIE-AUGUSTE, seigneur de la Cour de Fiefs, né en 1808, décédé le 4 novembre 1849. Il avait épousé en 1836 demoiselle Eugénie Hesse; il mourut sans postérité et laissa sa fortune à sa femme. Sa veuve épousa en secondes noces Henri-Gaspard-Séverin-François de Domémont, procureur impérial à Amiens; elle n'eut pas d'enfants de ce second mariage et laissa sa fortune à son frère unique, M. Alexandre Hesse. Elle mourut en janvier 1859.

JEANNE DE CROCQUOISON

L'impression de notre travail était déjà arrivée à la page 22, dans laquelle nous avons annoncé d'après les *Chroniques de la Nativité de N.-S.* (Avignon 1875) que Jeanne de Crocquoison vint à décéder le 6 mars 1824[1].

Nous avons trouvé alors dans nos papiers de famille une lettre de la vénérable fondatrice adressée à Mme Wignier d'Avesnes et datée du 7 septembre 1823 de Roussillon par le Péage (Isère). Dans cette lettre, Jeanne engage les membres de sa famille à magnifier en chorus avec elle les miséricordes du bon Dieu de l'avoir appelée à prononcer des vœux sacrés aux pieds des autels à soixante-neuf à dix ans, il y a trois ans, dit-elle, et j'en ai soixante-treize maintenant. Comme elle vint à décéder le 6 mars 1824, il est évident qu'elle devait avoir

1. D'après les *Chroniques*, Jeanne de Crocquoison était née en 1753 et décéda le 6 mars 1824 à l'âge de 71 ans.

soixante-quatorze ans lors de son décès. Voulant éclaircir le fait, nous avons fait lever l'extrait de décès de Jeanne de Crocquoison, veuve de M. Wignier de Franssu, dont voici la teneur :

Mairie de Roussillon. — Acte de décès. — (Extrait des registres de l'état civil).

« Le huit mars mil huit cent vingt-quatre, à onze heures du matin, par devant nous, Jean-Didier-Pérouse Monclos, maire, officier de l'état civil de Roussillon, ont comparu s^r Germain, curé de Roussillon âgé de soixante et dix ans, Marie-Anne Veyre, religieuse au couvent des Dames de la Nativité, l'un et l'autre domiciliés à Roussillon, lesquels nous ont déclaré que dame Jeanne de Crocquoison, veuve de monsieur le marquis de Franssu, supérieure générale des Dames de la Nativité, âgée de soixante-quatorze ans, est décédée dans son domicile, en cette commune, le 6 mars présent mois à une heure du matin et avons signé avec les déclarants. »

Afin de confirmer notre dire avec des pièces authentiques, nous fîmes alors de nombreuses recherches pour trouver le lieu de naissance de Jeanne. Enfin, nous avons pu mettre la main sur son extrait de baptême, dont voici la copie textuelle :

(Extrait des registres aux naissances de la paroisse Saint-Michel d'Amiens pour l'année 1751[1]).

« Le 21 avril 1751 a été baptisée Jeanne, née le même jour, en légitime mariage de François-Hiacinthe de Crocquoison, escuier, seigneur de la Court de Fief, président trésorier de France de la Généralité d'Amiens, et de dame Jeanne Boullanger, son épouse, ses père et mère, le parein François-Nicolas Boullanger, escuier, seigneur de Rivery pour et au nom de Claude-François-Félix Boullanger, son fils, escuier, seigneur de Rivery, la mareine dame Jeanne Rousel (sic), épouse de messire Jean-Philippe Boullanger, escuier, sieur de la Motte, conseiller

---

1. Communiqué par M. le comte A. de Louvencourt.

rapporteur du point d'honneur, le père présent lesquels ont signé.

Signé : Jeanne Roussell de la Motte, Boullanger de Rivery, Crocquoison de la Cour de fief, de Buigne, curé ».

D'où il résulte que Jeanne naquit le 21 avril 1751, décéda le 6 mars 1824, âgée de soixante-douze ans dix mois et treize jours comprenant le mois de février 1824 pour 28 jours, (bien que l'acte de décès porte 74 ans[1]) — de plus Jeanne n'était pas l'aînée des enfants de M. de Crocquoison comme l'annoncent les *Chroniques*.

Nous voyons d'après le partage des enfants de $\overline{M}$. de Crocquoison qui eut lieu en 1794 que les deux fils étaient les deux aînés, le cadet naquit en janvier 1750 puis vint Jeanne, troisième enfant, qui fut suivie de Thérèse, décédée en 1835.

---

1. Après le décès de Jeanne de Crocquoison, veuve de M. Wignier de Franssu, la branche de la famille Douville de Saint-Alyre, porta par la suite le nom de Douville de Franssu.

BLONDIN DE BAZONVILLE

GABRIEL-AUGUSTIN BLONDIN de Bazonville fut le premier maïeur nommé par Mgr le comte d'Artois, apanagiste du comté de Ponthieu. Le 30 août 1777, M. Élie de Beaumont, écuyer, seigneur-patron de Canon de Bernay, des fiefs hauts, fut reçu par les officiers municipaux d'Abbeville avec une lettre de M. de Sainte-Foye, chevalier, ancien ministre plénipotentiaire du roi près la cour des Deux-Ponts, surintendant des domaines, finances, bâtiments de Mgr, adressant à M. Élie de Beaumont (datée de Paris, 22 août présent mois), par laquelle M. de Sainte-Foye lui a notifié de la part de Mgr la commission que ce prince lui donne par la même lettre de former la compagnie des officiers municipaux de la présente ville, desquels la nomination appartient à Mgr, à titre de son apanage, attendu que cette ville n'a pas acquis les offices municipaux, et il nomme pour maïeur Gabriel-Augustin Blondin de Bazonville, chevalier de l'ordre royal et militaire de Saint-Louis (Archives municipales). Comme maïeur, Gabriel Blondin de Bazonville, accompagné de M. Bruno d'Agay, intendant civil de Picardie, et de M. de Mailly, commandant militaire, posèrent le 27 juin 1780 la première pierre du corps de garde de la place Saint-Pierre ; le 4 août 1780, M. Blondin pose la première pierre du Bourdois et, le 30 septembre 1780, accompagné de M. Bruno d'Agay, posèrent la première pierre des casernes de cavalerie près l'église Saint-Gilles.

Le frère de M. Gabriel-Augustin de Bazonville, M. Gabriel-Isidore-Mathieu Blondin, dixième enfant, écuyer, seigneur d'Ysigny, capitaine de cavalerie, l'un des gendarmes de la garde du roi, chevalier de l'ordre royal et militaire de Saint-Louis, obtint des lettres de noblesse en 1789. S'étant retiré en son fief de la Varonne, en Bretagne, près Ancenis, il avait épousé demoiselle Françoise de la Vieville, veuve de Jacques-Nicolas de Guédeville, écuyer, sieur de Morinval-en-Beauvaisis, et fille de René-François de la Vieville, écuyer, maître de comptes en Bretagne, et de Jeanne Poisson. Le père, la mère, le fils, nommé Charles-Gabriel Blondin d'Ysigny, né à Morinval le 7 juillet 1770, furent tous les trois guillotinés pour la cause de la religion et de la royauté, le même jour et sur le même échafaud, en la ville de Nantes, en Bretagne. Gabriel-Isidore-Mathieu Blondin d'Ysigny était beau-frère d'Adrien-Jacques-François Wignier de Franssu et de Jeanne de Crocquoison de la Cour de Fiefs.

BLONDIN porte : *D'or, à un daim de sable, accompagné en pointe à dextre de trois trèfles de même, placés 2 et 1.*

Dont trois filles :

1. AIMÉE-CHARLOTTE-PHILIPPINE BLONDIN de Bazonville, née le 10 novembre 1764, baptisée le même jour en l'église royale et collégiale de Saint-Wlfran, par le doyen Fuzellier, oncle paternel de l'enfant, eut pour parrain M. Adrien-Jacques Wignier, seigneur de Franssu, Thiolois, Bois-Louis, Pignacourt, Ivrigny, etc., aïeul maternel de l'enfant, et par procuration Roche-César-Vulfran du Chesne, écuyer, seigneur d'Offoy, et pour marraine, Marie-Marguerite-Aimée Sannier, épouse de M. Blondin, écuyer, seigneur de Brutelette, conseiller au siège présidial d'Abbeville. Elle épousa suivant contrat du 1er février 1789, devant Me Josse

Lefebvre, suivi de célébration le lendemain, paroisse Saint-Wlfran, M. Alire-Victor Douville, écuyer, seigneur de Saint-Alire, chevalier de l'ordre royal et militaire de Saint-Louis, capitaine au régiment de Bourgogne, infanterie, né le 18 février 1752, troisième fils de Jean-Nicolas, conseiller au présidial et ancien maïeur d'Abbeville (1759-1760), secrétaire du roi, et de dame Marie-Anne-Catherine de Ponthieu. Dont suite, Douville de Franssu.

2. GABRIELLE-CATHERINE-THÉRÈSE-FLAVIE BLONDIN de Bazonville, née le 1er juin 1766, baptisée le même jour en la collégiale de Saint-Wlfran, par le doyen Philippe Fuzellier, oncle paternel de l'enfant, et pour parrain, Charles-Vilbrode Blondin, écuyer, seigneur de Brutelette, conseiller au siège présidial d'Abbeville, oncle paternel de l'enfant, et pour marraine Jeanne-Catherine Blancart de Courcelles, tante maternelle de l'enfant. Elle épousa le 2 décembre 1794 Charles-François-Joseph Wignier, écuyer, seigneur d'Avesnes.

2° MARIE-JEANNE-MÉLANIE BLONDIN de Bazonville, demoiselle de Germonville, née le 4 décembre 1767, décédée le 4 mars 1824, épousa suivant contrat du 25 novembre 1793, devant Me Josse Lefebvre, Charles-Antoine-Jean Beauvarlet de Moismont, fils aîné de Charles-Antoine et de feue Catherine-Charlotte-Adélaïde du Chesne, dont suite ; il décéda le 6 juin 1808, en son hôtel, Chaussée du Bois, qui passa dans la famille des Essarts ; l'on voit encore actuellement dans la cour de cet hôtel, près d'une porte, un grès très bien sculpté représentant les armes de la famille Beauvarlet de Moismont.

DOUVILLE porte : *Écartelé, aux 1 et 4, d'azur à 3 étoiles d'or ; aux 2 et 3, de gueules, à la tour d'argent, ouverte, crénelée, maçonnée et ajourée de sable, et surmontée de deux guidons d'or.*

WIGNIER porte : *D'azur, à un chevron d'or, accompagné de trois étoiles d'argent.*

BEAUVARLET DE MOISMONT porte : *De sable, à un chevron d'argent, accompagné en chef de deux étoiles d'or, en pointe, d'un croissant d'argent.*

LENDORMY D'ARGER

Nous donnons un simple extrait de la généalogie de cette famille à laquelle nous nous rattachons.

FIRMIN-PAUL-FÉLIX LENDORMY[1], avocat, fut délégué du tiers état, le 9 mars 1789, pour être envoyé à Péronne. Il fut sous-préfet de Montdidier de 1800 à 1815; grâce à la bien-

[1]. Parmi les membres de cette famille, nous signalerons : Jean-Paul Lendormy, curé de Saint-Jacques à Amiens, en 1752 Il composa un office pour la fête de Saint-Jacques dont on se sert encore actuellement le jour de la fête du patron en l'église Saint-Jacques à Abbeville, puis il devint chanoine théologal de la cathédrale d'Amiens, 24 janvier 1758. Célèbre orateur, il vint prêcher à Abbeville, en 1759, la station du Carême; il prêchait tous les jours excepté le jeudi et le samedi. Ses sermons avaient lieu à une heure en l'église Saint-Wlfran, à Saint-Gilles à l'issue des vêpres. Le vendredi de la Passion, il prêcha à sept heures du matin à Saint-Sépulcre, puis à Saint-Jacques ; ses sermons étaient tous différents. Le lendemain du jour de Pâques, il partit pour Amiens à trois heures du matin dans un cabriolet attelé de quatre chevaux, appartenant à M. le comte de Boubers; il logeait à la communauté, près Saint-Gilles. Il décéda à Amiens le 15 juin 1769, et fut inhumé dans la cathédrale, près de la chapelle Saint-Sébastien. Le carreau funéraire de sa tombe se voit actuellement au musée d'Amiens : Hic jacet Joan. Paulus Lendormy presb. can. théolog. hujus ecclesiæ et doctor sacræ fac. Paris. Ob. die 15 junis 1769 æt. 55.

M. l'abbé Tiron, auteur de l'histoire et costumes des principaux ordres religieux (Bruxelles), cite un article qui a été reproduit dans les *Archives de Picardie*, 2e volume, page 106, qui a aussi paru dans *La Picardie*, année 1864, page 124, par M. l'abbé Gosselin, ainsi conçu :

1771, un chanoine théologal nommé Lendormy, mort peu de temps avant mon arrivée à Amiens et enterré, je crois, près de la chapelle de Saint-Sébastien, avait mal parlé du Parlement de Paris, grand fauteur des jansénistes; les magistrats qu'il avait attaqués envoyèrent un exempt pour l'arrêter, celui-là

veillante intervention de M. Lendormy, sous-préfet de Montdidier, le collège de cette ville passa aux mains d'ecclésias-
tiques séculiers. Il présida à la pose de la première pierre de
ce collège. Le 1er septembre 1802, Mgr de Villaret, évêque
d'Amiens, étant venu à Montdidier, descendit chez M. Lendormy. Le 21 juin 1803, le premier consul se trouvant dans
cette ville s'adressa au sous-préfet et lui demanda combien
il y avait d'habitants à Montdidier : « 3769 sans en retrancher
ni ajouter un seul, répondit M. Lendormy. — Au moins en
voilà un qui connaît son affaire », répondit Bonaparte.
M. Lendormy devint maire de Montdidier le 14 juin 1819
jusqu'à 1824. Son successeur à la sous-préfecture fut
M. Dragon de Gomiécourt. Il avait épousé demoiselle Marie-
Anne-Jeanne-Claude Berthélemy d'Arger, fille de François,
sieur d'Arger, conseiller au grenier à sel. Il décéda à Montdidier le 10 juin 1824, âgé de soixante-quinze ans; sa femme
était décédée le 9 octobre 1822.

Dont trois enfants :

1. JOSEPH-PAUL-FÉLIX LENDORMY-BERTHÉLEMY, qui
suit.

demande au premier qu'il rencontra où est M. le chanoine Lendormy : Venez,
Monsieur, lui dit-il, je vais vous le montrer ; il le mène vers un endroit fraî-
chement repavé et lui dit : Lisez. Il lit : Hic jacet Lendormy. L'envoyé du
Parlement n'en demanda pas davantage; le théologal avait été enterré la
veille.

La révérende mère Marie-Anne-Suzanne de Saint-Jean de la Croix (dans le
monde demoiselle Lendormy), religieuse professe du monastère des Carmélites d'Amiens. Nous possédons un très bel éloge de cette sainte religieuse
énumérant tous les services qu'elle a rendus dans le couvent daté du monastère du Saint-Esprit des Carmélites d'Amiens du 2 décembre 1779. Elle
mourut à l'âge de quarante-neuf ans et ving-neuf de religion. — Sa nièce,
même communauté, mère Marie-Thérèse-Florence de Saint-Paul (dans le
monde demoiselle Lendormy).

Noël-Luglien Lendormy, qui fut curé de Marquivilliers en 1780, puis curé
dans un faubourg important de Roye. Ayant été aide-major, il rendit de
nombreux services à ses paroissiens en les secourant dans les maladies du
corps, comme dans celles de l'âme.

2. Augustin-Paul-François LENDORMY, sieur d'Arger, qui suivra.

3. Madeleine-Marie-Geneviève LENDORMY, née à Montdidier en 1771, alliée à M. Victor Costel.

> Dont : a) Victor. b) Auguste. c) Victorine. d) Pauline.

Joseph-Paul-Félix LENDORMY-BERTHÉLEMY, né vers 1772, a eu pour parrain Antoine-Joseph-Victor Lendormy et pour marraine, dame Marie-Magdeleine Berthélemy d'Arger, épouse de Félix-Lugle-Luglien Bosquillon, écuyer, lieutenant au régiment des grenadiers royaux de l'Artois. Il épousa demoiselle Geneviève-Françoise-Florence Thory, de Montdidier, fille du général Thory. Elle décéda à Paris, rue d'Arcole, n° 15, le 29 avril 1864, à l'âge de soixante-dix-huit ans, et fut inhumée à Nesle (Somme) le 1er mai.

> Dont :

> Louis-Paul-Victor LENDORMY, né à Nesle le 21 juillet 1824, décédé célibataire, à Paris, le 22 avril 1869, rue Chanoinesse, 17.

Augustin-Paul-François LENDORMY d'Arger, né en 1776 ; il eut pour parrain, le 31 mars 1776, Jean-Antoine-Augustin Parmentier, né à Montdidier, le 12 août 1737 [1], pensionnaire du roi, membre de l'académie royale des sciences, belles-lettres et arts, de Rouen, officier de l'ordre royal de la Légion d'honneur, membre de l'Institut, cousin de l'enfant ;

---

1. Bienfaiteur populaire, infatigable savant, dont on voit la statue sur la place publique de Montdidier, et une autre à Paris. Il mourut à Paris le 17 décembre 1813, âgé de soixante-seize ans et cinq mois. Un monument funèbre lui a été élevé dans le Père Lachaise, à Paris ; ce monument est placé au deuxième rang des tombes de l'allée à droite de l'avenue des Acacias, trente-huitième division. L'enceinte du tombeau est fermée par une grille à hauteur d'appui ; elle protège un petit parterre qui, chaque année, est planté de pommes de terre.

et pour marraine, Louise-Florence Lendormy (V. état civil de Montdidier).

Le fief d'Arger se trouvait à Eignières, à une lieue de Montdidier. Fignières s'appelait autrefois Fenières, en 1365. Fenier de fenum, foin, feniculum, fenouil, passait pour être le grenier à fourrages de la place de Montdidier.

On voit encore actuellement dans le clocher de l'église de Gouy-l'Hôpital (Somme) deux cloches fondues en 1811, l'une est nommée Marie-Firmine par Firmin-Paul-Félix Lendormy, électeur du département de la Somme, candidat au corps législatif, sous-préfet de Montdidier, et Marie-Anne-Jeanne-Claude d'Arger, son épouse.

Et une autre nommée Agathe par M. Augustin-Paul-François Lendormy d'Arger fils, et mademoiselle Agathe Morel, veuve de M. Lendormy-Laucourt[1].

Augustin-Paul-François Lendormy d'Arger épousa le 30 septembre 1805 Louise-Caroline (aliàs Charlotte) Ballin[2],

1. Antoine-Joseph-Victor Lendormy-Laucourt, fils de Paul-Félix et de Madeleine Trudel ; depuis près de quatre cents ans, sa famille exerçait la médecine à Montdidier ; il naquit le 9 mai 1754, fut en 1772 aide-major chirurgien à l'Hôtel des Invalides, puis reçu médecin à Reims en 1782. Une épidémie contagieuse désolait le village de Royaucourt ; grâce à ses soins, les habitants sont arrachés à une mort certaine. Docteur-régent de la faculté de médecine de Paris, médecin de l'hôpital de Montdidier, médecin en chef des armées de l'intérieur du Nord, de l'Angleterre et de l'hôpital permanent de la ville d'Amiens où il se fixa en 1793 et y laissa le souvenir de sa célébrité. Une fièvre putride ravageait le village de Vignacourt ; n'écoutant que son dévouement, il s'y rendit ; au bout de dix-sept jours, il succombait victime de son devoir le 26 septembre 1802. Sa dépouille fut exposée dans le chœur de la cathédrale d'Amiens, décoré avec une pompe extraordinaire. Il avait épousé en 1783, demoiselle Morel, dont deux filles :
Louise-Thérèse, demoiselle Largilière, décédée célibataire à Amiens le 8 juin 1848, à l'âge de soixante-neuf ans er neuf mois.
Pauline, demoiselle Laucourt, décédée à Amiens le 12 1848, sans alliance.
2. Son frère, Alexandre-Nicolas-Victor Ballin d'Argenlieu naquit à Montdidier le 6 décembre 1783, entra aide bibliothécaire à la Bibliothèque impériale le 26 février 1806, et fut conservateur de la Bibliothèque royale le 14 novembre 1832. Il avait épousé le 9 août 1809 la fille du général le Courbe ; il perdit sa femme après dix ans de mariage. Il eut une fille, Augustine, qui

fille de Nicolas-Florent et de Marie-Louise-Florence Lendormy. Il décéda à Roye le 18 septembre 1843, et sa veuve mourut à Montdidier le 9 mai 1861, âgée de quatre-vingt-trois ans.

Dont trois enfants :

1. MARIE-LOUISE-PAULINE LENDORMY d'Arger, née à Montdidier le 9 septembre 1806, mariée le 16 janvier 1822, à M. Libre-Casimir Vatin [1], chevalier de l'ordre de la Légion d'honneur, vice-président du comité archéologique de Senlis. Il fut président du tribunal civil de Senlis (Oise). Il décéda le 16 mai 1872 ; sa femme était morte le 26 juin 1870, dans sa soixante-quatrième année, dont :

   a) ROSALIE-PAULINE-SOPHIE, née le 18 novembre 1823 à Vienne (Dauphiné), mariée le 27 novembre 1843 à Nicolas-Frédéric Gosselin, inspecteur général des ponts-et-chaussées, membre de la commission militaire supérieure des chemins de fer, membre du comité consultatif des chemins de fer, commandeur de l'ordre de la Légion d'honneur, décédé à Paris le 1er février 1887 dans sa soixante-dixième année, rue Paul-Louis-Courier, n° 13, dont : JEAN-FRANÇOIS-PAUL GOSSELIN, né à Lille le 28 septembre 1860.

   b) CHARLES-EUGÈNE VATIN, né à Vienne (Dauphiné) le 17 juillet 1829, allié le 14 avril 1865 à demoiselle Louise-Eudoxie Dupuis.

   c) ANNE-LOUISE VATIN, née à Vienne (Dauphiné) le 21 mars 1835, mariée en mai 1864 à M. Maurice-Eugène Célice, ancien directeur des contributions indirectes décédé à Versailles le 12 mai 1893 dans sa soixante-treizième année. Mademoiselle Vatin est décédée le 17 août 1893 dans sa cinquante-huitième année.

décéda âgée de douze ans. Il mourut le 20 octobre 1853. Son autre frère, Pierre-Paul Ballin, fut baptisé le 29 juin 1777 par Mgr Louis de Machault, évêque d'Amiens.

1. Senlis, *Récits historiques*, ouvrage posthume de M. Vatin, revu, publié en 1876 par M. E. Dupuis.

Dont : *a)* RAYMOND CÉLICE, né à Beauvais le 16 avril 1865. *b)* LOUIS CÉLICE, né à Metz, le 12 juillet 1870.

2. MARIE - FLORENCE LENDORMY d'Arger, épouse de Charles Wignier de Warre, dont suite. Voir la généalogie page 46.
3. FÉLIX LENDORMY d'Arger, mort âgé d'environ douze ans.